27,40

W0300181

Communiquez en 3D : du papier à l'objet

Traduction en langue française de l'édition revue et augmentée de *Paper engineering, 3-D design techniques for a 2-D material* parue en 2009 aux éditions Rotovision SA - Route Suisse 9 CH-1295 Mies – Switzerland.

ISBN 978-2-10-054114-0

Maquette : Multistorey
Photographie : Xavier Young et Simon Punter

Mise en page et couverture pour la traduction française : Arclemax

Ouvrage imprimé à Singapour

Communiquez en 3D : du papier à l'objet

Natalie Avella

Traduit de l'américain par Xavier Guesnu

DUNOD

Sommaire

Introduction
Introduzione
Introduccion
Einleitung
序

Il est rare que nous passions une journée sans tenir un ou plusieurs morceaux de papier. À divers moments de la journée, des feuilles plates et rectangulaires se retrouvent entre nos mains : un journal, une facture de téléphone, un livre, un agenda, un menu... Pour l'essentiel, le papier permet de stocker et de communiquer des informations – agent dévoué, au service des mots et des images. Le papier est présent, sans être là ; visible, sans être vu... Le texte et les images sont à ce point occupés à rivaliser pour capter l'attention que leur support s'efface discrètement. De son côté, le papier est un composant involontaire de la typographie et des images : à moins que l'encre ne recouvre complètement la page, c'est l'impérieux espace blanc du papier qui « rapproche » (ou sépare) les caractères typographiques ou encadre une image – cet espace blanc qui séduit tant de graphistes ! Bien sûr, les images et le texte ne dépendent plus aujourd'hui du seul papier : nous pouvons imprimer sur de multiples supports, tels que les tissus, le plastique ou le verre. Nous pouvons, aussi, privilégier les supports visuels, que ce soit en projetant une lumière sur un immeuble, par exemple, ou en recourant derrière notre écran à ces associations de points et de zéros, inexplicables pour le plus grand nombre.

Si les possibilités du monde numérique paraissent inépuisables, il existe encore de multiples choses qu'un ordinateur ne peut réaliser. Il est impossible de plier un écran en deux, en trois ou en quatre, ou de le rouler en boule. Vous ne pouvez pas non plus le frotter entre vos doigts et éprouver diverses qualités tactiles. Alors que l'écran où s'affichent les informations devient de plus en plus mince, nul doute qu'il ne s'écoulera guère de temps avant qu'il n'ait le même poids et la même flexibilité qu'une feuille de papier de 200 g/m^2. En attendant, rien d'aussi accessible, universel, intime et unique, qu'un simple morceau de papier, en termes de conservation des informations visuelles.

La création graphique est généralement considérée comme une activité bidimensionnelle ; en réalité, toute œuvre plus complexe qu'une simple affiche fonctionne en 3D. Le présent ouvrage s'intéresse aux résultats auxquels les graphistes parviennent quand ils soumettent les fibres d'une feuille de papier à un traitement qui enfreint les usages – qu'elles soient pliées, fendues ou déchirées. En nous référant à des créations récentes d'agences graphiques internationales, nous étudierons les capacités 3D du papier.

Nous avons également reproduit dans le présent ouvrage les travaux de quatre créateurs : Rob Ryan, Ron van der Meer, Kate Farley et Ed Hutchins. Rob Ryan, célèbre artiste britannique, crée à la main des papiers découpés extrêmement décoratifs. Son travail, qui orne souvent les couvertures de livres, disques ou magazines, reflète un univers romantique et fantasque, constellé de fleurs, d'oiseaux, de feuilles et d'amoureux. Van der Meer est connu à travers le monde pour ses livres animés en relief, qui séduisent aussi bien les adultes que les enfants. Il crée ses ouvrages en collaboration avec différents spécialistes (en architecture, en navigation ou en musique, par exemple) et les fait assembler à la main en Colombie ou en Chine. Kate Farley et Ed Hutchins travaillent à une plus petite échelle : ils créent leurs livres à la main en édition limitée et, la plupart du temps, les impriment et les relient dans leurs propres studios. Leurs ouvrages jouent avec nos sens et ouvrent de nouvelles possibilités en matière de surface. Comme les graphistes travaillent généralement avec des échéances et des budgets serrés, la fabrication à la main est un luxe qu'ils ne peuvent guère se permettre eux-mêmes. Cependant, nos quatre artistes offrent aux graphistes de nouvelles possibilités pour communiquer avec le papier.

Désormais, la question est la suivante : comment une création graphique en 3D influe-t-elle sur la lecture ?

Interactivité

Les créations papier originales impliquent souvent une participation du lecteur. La plupart des graphistes évoqués dans ce livre estiment que les œuvres invitant à une interaction du lecteur restent généralement mieux gravées dans la mémoire et que les informations qui y sont présentées sont mieux assimilées.

Dans le monde occidental, le principal geste par lequel un adulte interagit en 3D avec le papier consiste à plier une lettre pour la glisser dans une enveloppe ou à emballer un cadeau. Ce n'est qu'en de très rares occasions que nous interagissons avec le papier de façon émotionnelle – lorsque nous déchirons symboliquement la photo d'une relation rompue ou froissons les pages d'une dissertation décevante. Régulièrement, nous tournons les pages de livres, de brochures et de journaux, mais nous nous comportons alors comme des chevaux équipés d'œillères, avançant le long d'un chemin parfaitement tracé : la lecture se résume à un processus d'absorption plus qu'elle n'invite à interagir avec les pages. L'immense majorité des livres sont fabriqués selon le format occidental du codex : feuilles de papier plat et rectangulaire de même taille et assemblées de façon planifiée et prévisible. Les librairies du monde entier sont rem-

plies de tels livres et comme ce format fonctionne parfaitement, il est considéré comme incontournable.

Les créateurs d'œuvres originales en papier cherchent à exploiter de nouveaux formats. Ils s'opposent aux structures traditionnelles du codex et du folio – ou les adaptent à leur façon – et explorent les possibilités dimensionnelles en ajoutant de nouvelles formes, couches ou découpes. Le livre représente alors plus qu'une simple surface destinée à enregistrer un contenu et, face au texte et aux images, le lecteur n'est plus passif. La lecture s'apparente alors à une véritable immersion. Elle laisse place à une expérimentation du livre et offre à l'interprétation individuelle un plus grand éventail de possibilités. Non seulement le fait de tourner la page ou de tirer un onglet révèle de nouvelles strates ou des dimensions insoupçonnées, mais l'émergence de nouveaux modes de perception s'en trouve favorisée. Ces créations originales requièrent la participation du lecteur.

Quand le lecteur est en présence d'une telle œuvre, il ne se contente pas d'en absorber le contenu mais il participe activement à son devenir, nouant ainsi une certaine complicité avec son créateur. Nous pourrions dire que le lecteur devient à la fois auteur et acteur de la pièce. Acteur, parce que l'énergie cinétique du lecteur crée le mouvement qui anime l'œuvre ; auteur, parce que la création ne peut pleinement se développer que si le lecteur recourt à son intelligence et à son imagination.

Parfois, il est nécessaire de suivre des instructions, telles que « tirez ici », « levez ceci » ou « découpez selon la ligne pointillée ». Dans de tels cas, l'inventivité que permet le papier dépend aussi d'une conception judicieuse de la surface : quel que soit le degré d'abstraction de l'œuvre, si le lecteur n'est pas suffisamment intrigué pour tirer sur l'onglet, par exemple, la création n'a pas atteint l'objectif souhaité et n'a tout simplement pas fonctionné. Les créations les plus subtiles sont souvent les plus conceptuelles : le modèle suffit. Les instructions sont là, mais nul besoin de s'y conformer. La seule invitation à interagir peut être la métaphore d'une entreprise qui attache de l'importance à ce que vous dites. Vous êtes bien plus qu'un simple numéro : vous êtes un collaborateur de l'œuvre.

Temps et espace

L'emploi de découpes et de plis innovants rend la relation de l'œuvre avec le temps et l'espace plus dynamique que dans le cas d'une simple feuille de papier. Keith Smith, éminent relieur, pense que l'« objectif ultime » de la création d'un livre n'est pas la couture ou l'encollage, mais la définition d'un « classement conceptuel de l'espace et du temps ». La feuille simple, explique Keith Smith dans *Books Without Paste or Glue*, possède une notion restreinte du temps, car elle n'autorise qu'une vue d'ensemble. En revanche, une fois qu'une page est pliée afin de créer quatre pages, celles-ci « *ne peuvent pas être vues simultanément, elles sont éprouvées dans le temps, comme dans le cas d'une pièce en quatre actes ou d'une symphonie en quatre mouvements. Le temps et le mouvement sont des composantes indispensables d'un tel format.* » Keith Smith estime que « *toute forme d'art révélée en relation avec le temps doit être régulée* » et que cette régulation ne s'obtient pas par le seul contenu ou la seule structure, mais par un parfait équilibre entre les deux.

Dans son essai *On The Margins of Time*, Joanna Hoffman – artiste polonaise qui crée des livres aux formats inhabituels – explore les notions de temps et d'espace dans le processus de lecture : « *Le contenu d'un livre s'exprime au travers de sa forme… Les inventions structurelles, comme la disposition et la différenciation des pages, la cassure, le pliage, le découpage, etc., introduisent des valeurs rythmiques et transforment le livre en une orchestration d'un fragment défini de l'espace et du temps. Par conséquent, le lecteur acquiert une dimension supplémentaire, celle de l'historique de ses interprétations. Ce dernier repose sur des répétitions, qui sont sans lien avec la notion de l'identique, mais qui induisent une activation du temps et de l'espace, un motif et un contenu, une animation et des métamorphoses* ».

Quand une feuille de papier est pliée en deux, la pliure crée un espace secret. Avant que nous ne tournions la page, il se produit une sorte d'anticipation – cette pause n'intervient pas si le lecteur regarde une feuille simple. Les bords créés constituent les horizons d'autres plans. Si l'on ajoute des plis plus complexes, notre propre expérience du temps et de l'espace s'en trouve enrichie.

« *Comme ce format existe dans l'espace, il est plus proche de la sculpture que de la peinture. Et comme il existe aussi dans le temps, il est plus proche du cinéma que de la photographie* » explique Keith Smith. L'un des exemples manifestes des qualités cinématiques du « papier 3D » est l'invitation, en forme de folioscope (ou *flip book*), à l'inauguration d'une nouvelle boutique du magasin de vêtements *Episode*. Conçue par Multistorey, cette création graphique prend son inspiration dans le monde de l'animation.

Le contenu et la structure sont ici parfaitement équilibrés. Les éléments existants de la campagne commerciale ont été soigneusement pris en compte. Le folioscope, illustrant les pétales d'une fleur en train de s'ouvrir, symbolise l'ouverture de la boutique, mais il s'agit aussi de la même fleur que celle utilisée, entre autres, sur les jupes d'*Episode*. Un étui qu'il faut retirer et qui permet d'accéder à l'inauguration est attaché au livre. « *En tant que graphistes, nous sommes réellement intéressés par le fait de solliciter d'autres sens que la seule vue* » déclare Harry Woodrow (agence Multistorey). Le choix du papier a représenté une partie importante du processus de création.

L'impression a été réalisée sur papier Chromomatt, choisi pour son lissé et sa main, tandis que l'étui a été imprimé sur du papier Sirio Black/White (Fedrigoni), un papier à l'aspect crayeux dont l'envers est noir. Le motif floral est imprimé en rose mat sur le verso, tandis que les détails de l'inauguration sont imprimés sur le recto noir en vernis sélectif blanc.

À coup sûr, cette création se projette elle-même dans le temps et l'espace. Le lecteur regardera l'objet plus d'une fois, en observant probablement les pétales s'ouvrir plus ou moins vite. La stratégie de marque choisie par *Episode* pour cette invitation est subtile et fait de cette dernière un objet séduisant qui mérite d'être conservé.

« *Considérer un livre comme une simple accumulation de feuilles serait un désaveu du mouvement qui transforme implicitement le recto en verso* » explique Keith Smith. « *Le codex représente plus qu'un assemblage… une telle structure est liée, chaque idée dépend de la précédente. L'essentiel est de ne pas « ajouter », au sens où le livre serait assimilé à un conteneur vide qui servirait à entreposer. Il est préférable d'appréhender le livre vierge pour son pouvoir et son potentiel.* »

Les exemples proposés dans les pages qui suivent exploitent le pouvoir et le potentiel de divers formats dont les graphistes sont familiers, tels que les brochures, les livres, les dépliants, les invitations ou les flyers. Nous commençons par les plis les plus simples, comme ceux que l'on trouve sur les dépliants, et poursuivons par des œuvres plus complexes qui empruntent à l'art des origamis, entre autres, et qui ajoutent de nouvelles dimensions en mêlant découpes et plis. Ensuite, nous abordons le découpage à l'emporte-pièce, avant d'évoquer le collage de différents papiers destiné à créer des reliures animées et innovantes.

FOLD
PLIER
PIEGARE
PLEGAR
FALTEN

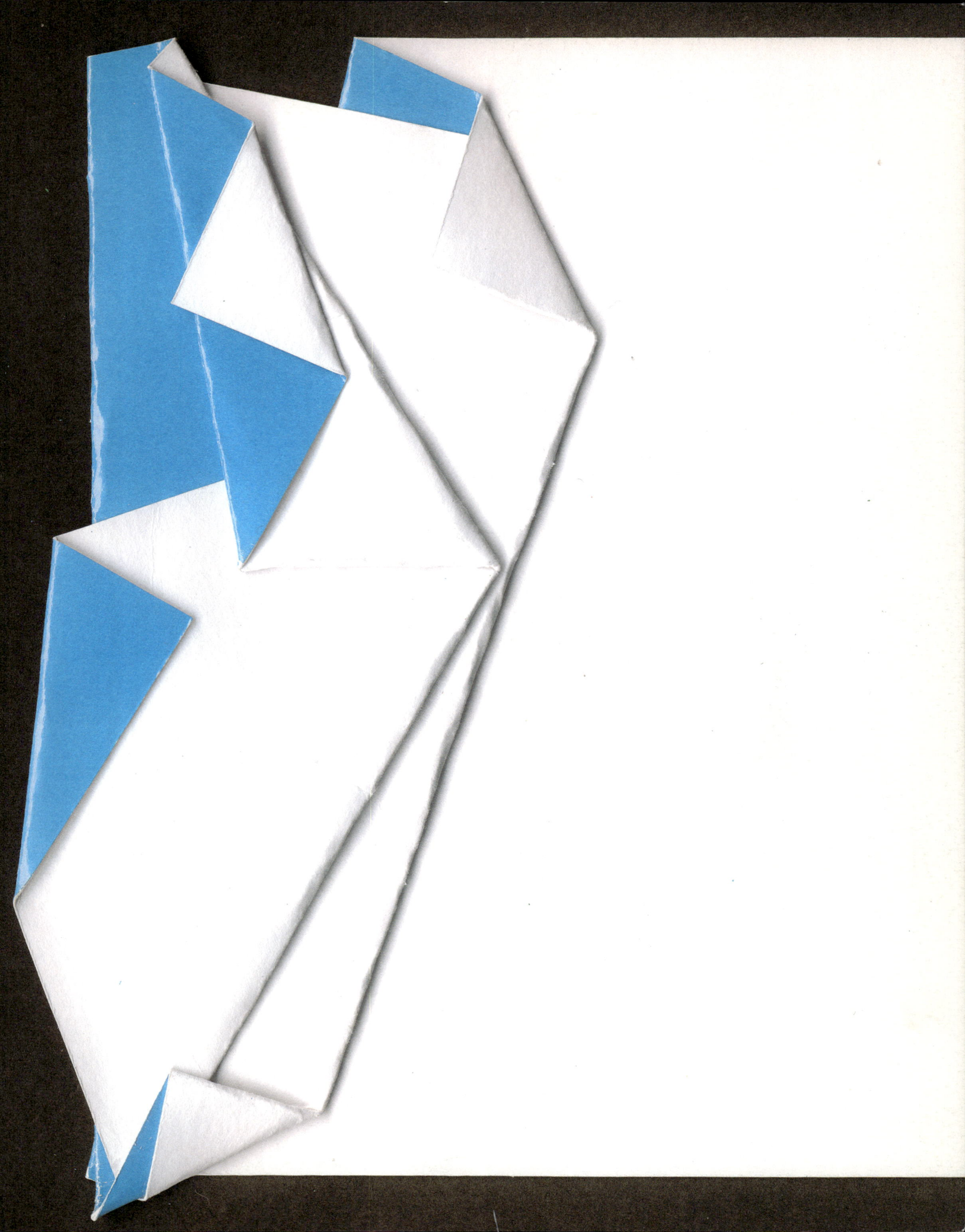

Plier

Dans son livre *The Book of Fine Paper*, Silvie Turnershe cite le papetier Joel Fischer : « *Je crée une feuille de papier. Entre mes mains émerge un espace entièrement nouveau et, durant un instant, les potentialités du monde semblent infinies.* »

Pliez le morceau de papier en deux et ces « potentialités » sont multipliées par quatre : quatre côtés – quatre espaces – apparaissent. Le pli des fibres se traduit par la présence d'une « charnière » connectant les deux plans. De la feuille simple, nous passons ainsi au feuillet : quatre pages composées de deux feuilles. La charnière crée une « colonne vertébrale », ou marge intérieure (appelée aussi petits fonds), et les plans générés peuvent se mouvoir séparément dans l'espace. Selon la façon dont vous tenez la feuille pliée, la colonne vertébrale représente le sommet d'une montagne ou le fond d'une vallée. Dans l'exemple ci-contre, Richard Johnson, de l'agence Ogilvy Singapore, utilise le pli simple (complété par un découpage à l'emporte-pièce sur l'un des côtés) pour créer une carte en forme d'arbre de Noël.

La fermeture d'un objet par un pli engendre un espace intérieur et privé. Si vous dépliez l'objet, la surface qui, auparavant, se trouvait à l'intérieur s'expose alors comme espace extérieur. Pendant le pliage, l'espace autour de l'objet devient dynamique. La carte conçue par Richard Johnson utilise de façon inventive l'espace intérieur et l'espace extérieur créés par le pli. L'acte de plier et de déplier est suspendu à mi-chemin.

Le pliage d'objets exprime une négation de la matérialité, dans la mesure où un volume tridimensionnel peut devenir une surface plane bidimensionnelle. Il s'agit du format idéal pour un concepteur graphique. Quand l'objet tridimensionnel est réceptionné, son apparence n'est pas imposante. L'objet se révèle peu encombrant et son destinataire, après avoir été invité à le déployer sous forme d'un volume, peut le rétablir à son aspect initial en le pliant à nouveau.

Dans les pages suivantes, nous nous intéresserons à un certain nombre de travaux réalisés par différents graphistes à partir de techniques de pliage innovantes : l'encart dépliant, le pli à la française, la reliure dos-à-dos, le pli façon origami, le pli accordéon et le pli parallèle. Ces pages visent à montrer que les plis les plus élémentaires peuvent aussi s'adapter de multiples façons et créer les effets les plus divers. En premier lieu, nous aborderons les documents pliés que nous rencontrons le plus souvent, en l'occurrence les dépliants publicitaires.

Création : **Wink Media**

Client : **Somerset House Ice Rink**

Projet : **Dépliant publicitaire**

Chaque Noël, à Londres, Somerset House, un grand bâtiment proche de la Tamise, accueille une patinoire dans sa cour intérieure, ouverte au public. Les années passées, l'événement était sponsorisé par le magazine *Wallpaper**. Lorsque Tyler Brûlé, fondateur et rédacteur en chef, quitta *Wallpaper** et créa en Suisse l'agence publicitaire et graphique Wink Media, il n'en conserva pas moins l'initiative de l'événement, que sa nouvelle société continue à organiser. L'événement est annoncé au moyen d'un dépliant publicitaire, magnifiquement illustré et conçu par Wink Creative. Composé de trois plis verticaux et de deux plis médians horizontaux, le dépliant propose 18 panneaux potentiels d'information. Une fois plié, l'imprimé peut se lire comme un livret ; entièrement déplié, il s'apparente, au recto, à une affiche avec une illustration très fraîche (sans jeu de mots...) et, au verso, à un guide illustré expliquant comment se protéger du froid, assurer sa sécurité et, surtout, ne pas tomber.

Somerset House
Ice Rink
28 Nov 2002
–26 Jan 2003
Sponsored by
UK+CH
ticketmaster 020 7413 3399
www.somerset-house.org.uk/icerink
SOMERSET
HOUSE

Création : **StudioThomson**
Client : **Grand magasin Liberty**
Projet : **Brochure promotionnelle**

Le grand magasin Liberty, dédié à la mode et au design, et dont la façade Tudor se dresse à l'écart des rues commerçantes où prédominent le verre et l'acier, conserve un aspect chic et élégant, tout en demeurant à la pointe de l'innovation. Pour la saison de Noël, StudioThomson a créé une plaquette qui évoque à la fois la sophistication naturelle du magasin et sa séduction tranquille. La couverture soyeuse et argentée ne contient aucune proposition typographique prétentieuse, mais uniquement un lustre en gaufrage. Soulevez la couverture et vous découvrirez une brochure dépliable de sept pages, qui révèle de superbes photos de quelques-uns des produits éclectiques proposés par Liberty. En l'absence de texte et de la moindre mention de prix, l'élégance demeure exclusivement visuelle et tactile. Une invitation à la présentation inaugurale accompagne la brochure.

christmas
at Liberty

christmas
at Liberty

Création : **Birgit Eggers, Eggers + Diaper**

Clients : **Anja Gockel et Hamburger Kunsthalle**

Projet : **Brochures & dépliants publicitaires**

Les brochures des pages précédentes présentent toutes des plis verticaux et horizontaux parfaitement proportionnés, de telle sorte qu'une fois repliés, les rabats s'alignent sur les bords. Sur la brochure conçue par Birgit Eggers, les bords sont alignés de façon à ce que les espaces laissent apparaître une partie de la page cachée et confèrent ainsi une nouvelle qualité dimensionnelle à une œuvre simple. La brochure du musée d'art d'Hambourg, la *Hamburger Kunsthalle*, utilise plis et découpes pour refléter l'architecture de l'édifice, fondée rigoureusement sur des carrés. Les plis et découpes permettent à la salle Andy Warhol d'être visible en permanence. La brochure a été conçue par Eggers, de l'agence graphique Büro Hamburg. Le pli inhabituel, semblable à celui d'une serviette de table, de la brochure conçue pour Anja Gockel (à gauche) dévoile les vêtements du créateur de mode avant même que la brochure ne soit ouverte.

Création : **Roundel**
Client : **Zanders**
Projet : **Catalogue à grain Lanagraphic**

Deux volumes attachés par une seule couverture composent ce que l'on appelle une reliure dos-à-dos. La présence de deux plis en alternance crée deux espaces intérieurs en regard inverse, auxquels sont attachés les deux volumes reliés séparément. Étant dos-à-dos, ceux-ci ne peuvent être visualisés simultanément et seule la première page de l'un des volumes fait face au lecteur. Ce format était très répandu au cours des deux siècles précédents pour relier les livres formant un ensemble, comme, par exemple, l'*Ancien Testament* et le *Nouveau Testament*, ou l'*Iliade* et l'*Odyssée*. Après avoir parcouru le premier volume, vous devez retourner le catalogue pour entamer la lecture du second volume. La première page de chaque volume se trouve à l'extérieur et les deux volumes se rejoignent à la fin au centre de l'objet. Roundel a utilisé ce format pour la brochure promotionnelle des papiers Lanagraphic de *Zanders*. Comme le catalogue s'articule autour de l'opposition « intérieur/extérieur », les deux volumes sont nommés en conséquence. Les images qui traduisent l'intérieur d'une maison, comme une paire de pantoufles ou un œuf dans une poêle, figurent dans le premier volume, tandis que le second est illustré au moyen d'images exprimant l'extérieur, comme un banc ou une poubelle publique. Le format est idéal pour illustrer la force et la texture du papier Lanagraphic, qui recouvre et relie les deux volumes.

Création : **FL@33**

Projet : **Projet personnel**

Tomi Vollauschek, de l'agence FL@33, recourt à une variante de la reliure dos-à-dos pour créer la couverture de son double recueil de poèmes. Ici, aucun des livrets n'est relié par les marges intérieures ; en lieu et place, les feuillets sont placés au sein de chacune des deux poches formées par le pliage et le collage de parties opposés de la couverture.

Ce concept élaboré de couverture a été réalisé à l'aide d'une seule feuille de papier : autrement dit, la feuille initiale a été découpée selon une forme permettant la création de poches. Composé de deux recueils, intitulés respectivement *Coup de grâce* et *Zwischenstation*, le livre a été publié à Francfort en 1998, en édition limitée (100 exemplaires). La couverture embossée a été réalisée manuellement.

Création : **Zuan Club**
Client : **Java Live**
Projet : **Invitation**

Lorsque vous ouvrez le carte, qui sert de flyer et d'invitation au restaurant-discothèque japonais Java Live (lieu conçu, semble-t-il, aux couleurs des Caraïbes), des personnages dansants apparaissent. La force du papier et des plis permet à la page de s'animer et de transmettre l'esprit et les vibrations festives du lieu.

Création : **Shaz Madani**
Projet : **Personnel**

Ce projet personnel de Shaz Madani, étudiant au *London College of Communication*, se distingue par une qualité presque sculpturale. Il a été créé dans le cadre d'une campagne promotionnelle pour une entreprise papetière respectueuse de l'environnement. Les couches de papier ont été entrecollées, puis découpées à l'emporte-pièce sous forme de lettres ou de feuilles d'arbre. Les « chutes » ont été placées en négatif sur les formes obtenues, et photographiées. Le papier ayant été coupé à la main, l'alignement n'est pas absolument parfait et, ainsi, subsiste le charme d'un objet artisanal. Aucune impression n'a été réalisée ; les images sont exclusivement créées par l'ombre et la lumière qui se manifestent sur les espaces et les côtés découpés.

A
NEW
LEAF

WIL
CARD

Création : **Multistorey**
Client : **Simon Carter**
Projet : **Invitation de presse**

Dans cette réalisation, les plis sont plus complexes. Harry Woodrow et Rhonda Drakeford, de l'agence Multistorey, ont plié à la main les 200 invitations qui s'inspirent de la technique de l'origami pour le lancement de la collection printemps/été 2002 de Simon Carter, créateur de vêtements pour homme. L'invitation sous forme de chemise est conçue à partir d'une feuille imprimée avec un motif rose vichy en biais – un motif saisonnier majeur de la collection. La chemise repose dans une pochette grise à fines rayures, qui accentue le fait que la collection s'enrichit de costumes sur mesure. Le texte d'invitation a été imprimé sur le papier afin qu'une fois plié, il apparaisse au dos de la chemise. Le texte est disposé en biais pour accentuer la diagonale et accroître sa lisibilité. Le papier embossé en lin, Zanders Zeta Linen, renforce la similitude avec un vêtement. Pour la pochette, les graphistes ont utilisé un papier Saville Row Pinstripe de Fedrigoni.

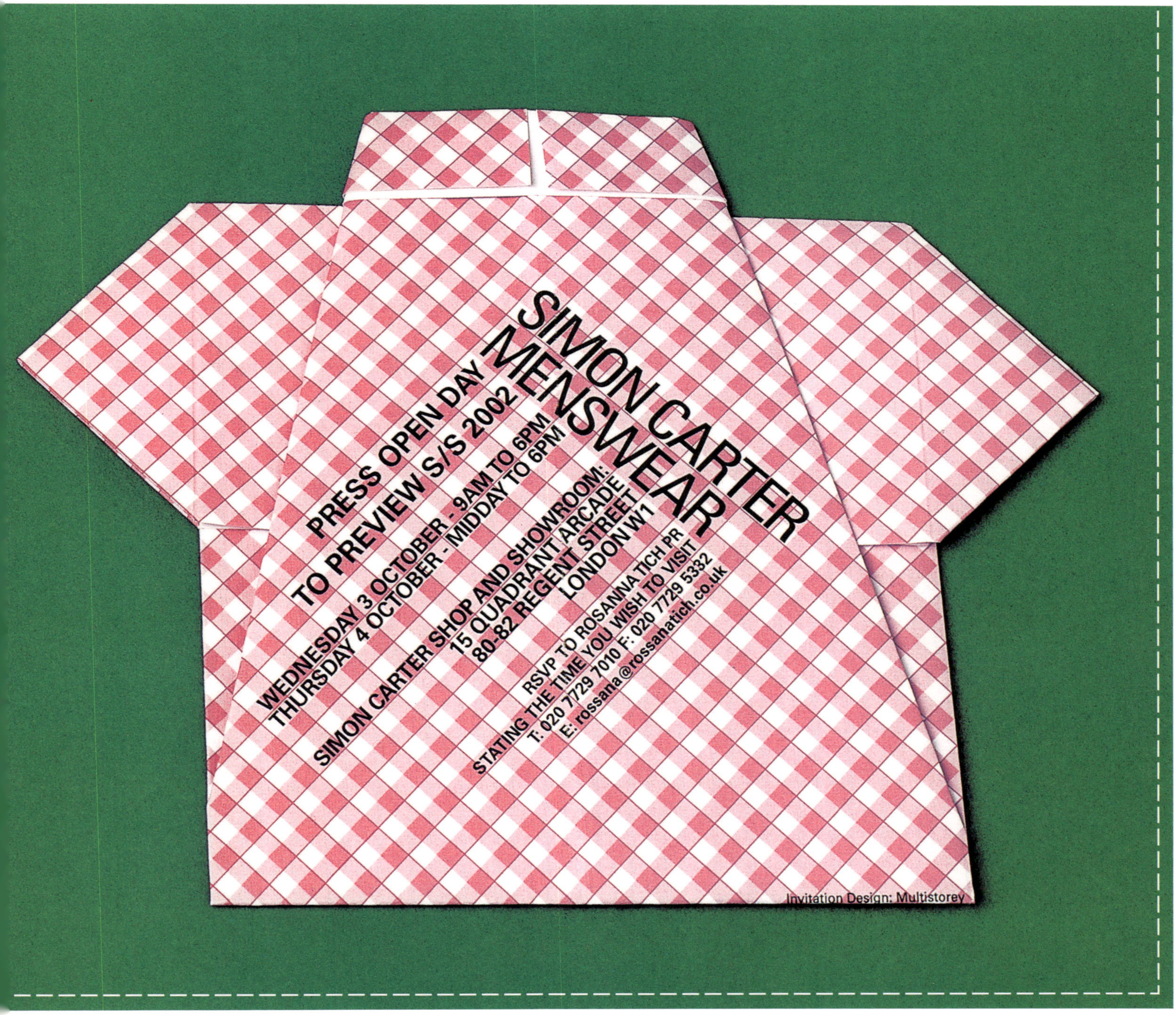

Création : **salterbaxter**
Client : **Discovery Networks Europe**
Projet : **Brochure publicitaire envoyée par la poste**

La brochure conçue pour Discovery Networks Europe repose sur un pli fenêtre (ou pli double) : ce pli permet d'obtenir deux panneaux symétriques qui se rejoignent au centre du troisième, plus grand, et le recouvrent. La brochure *Bigger Catch*, créée par salterbaxter, tente d'attirer les annonceurs en exploitant le thème de la vie sauvage, très présent dans la communication de l'entreprise. Lorsque vous déployez les plis, les deux mains imprimées en avant-plan s'ouvrent et dévoilent le secret dissimulé à l'intérieur, à savoir un poisson de plus en plus grand. La brochure, semblable à une animation, montre intelligemment comment manipuler le temps et l'espace avec minutie, en associant un format novateur et une conception imprimée limpide.

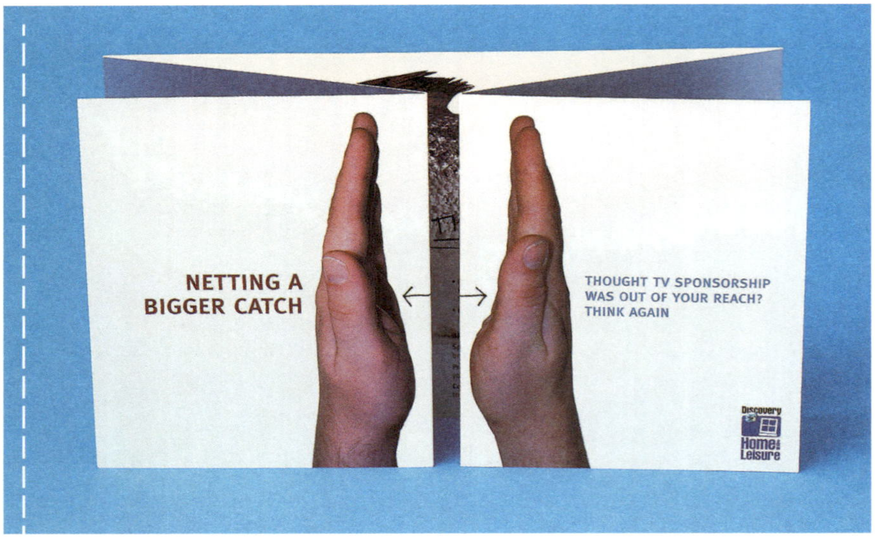

Plier

Création : **Roundel**
Client : **Doric**
Projet : **Brochure publicitaire**

Doric est un fabricant de signalisation réputé, dont le secteur d'activité traditionnel était l'industrie ferroviaire. La campagne de Roundel a pour but de modifier cette image de l'entreprise et de la montrer sous un visage plus contemporain et plus abordable. Les expressions courantes employées pour indiquer une direction – par exemple, « là-bas » ou « la deuxième à droite » – ont été utilisées comme concepts clés de la nouvelle identité de *Doric* et de la campagne publicitaire. Cette signalisation familière a été appliquée aux fournitures de bureau, aux fourgonnettes et aux bâtiments, pour conduire jusqu'au logo ou page après page à travers les brochures. La première brochure, « *this way* » (par ici), invite à commencer la lecture par le milieu, avec une première partie des pages (la moitié de la brochure) plus courte que la seconde.
À partir du centre, vous pouvez « tourner à gauche » pour accéder aux images des fléchages *Doric* utilisés dans les gares, les aéroports ou les entreprises, ou « tourner à droite » en suivant la signalisation qui mène à la page de texte sur la philosophie de la compagnie.
Deux ans plus tard, Roundel a poursuivi le thème dans une seconde brochure, intitulée « *turn to* » (se tourner vers). Cette fois, les instructions vous guident de la première à la quatrième de couverture. Les petits encarts intégrés et le plus grand dépliant vous permettent de passer en dessous et au-dessus des pages. La manipulation interactive des pages invite l'utilisateur à réfléchir à la façon dont il se sert des signaux pour se déplacer et interagir avec son environnement quotidien.

NIGEL COATES
/ EMBT
VEXED GENERATION

Création : **Multistorey**
Client : **Somerset House, London**
Projet : **Invitation à une exposition**

Un papier créatif était la solution idéale pour cette invitation, en raison du contenu de l'exposition – à savoir, l'examen des relations entre la mode et l'architecture – les concepteurs estimaient qu'une sensation de toucher poussée à l'extrême s'imposait. L'invitation concernait l'exposition *Skin + Bones*, qui explorait l'influence réciproque de la mode et de l'architecture depuis les années 1980 et leur emploi de matériaux et de processus similaires, bien qu'à des échelles différentes. Le pliage innovant transforme l'invitation en quelque chose de plus qu'un objet structuré et communique visuellement les concepts sous-jacents de l'exposition, et ce mieux que ne le ferait une carte imprimée. Disposées en travers du papier noir ardoise, les fines lignes brillantes évoquent l'acte physique de s'attabler et de créer – à l'aide de lames, de stylos et de papier, exercice silencieux auquel les graphistes comme les architectes s'adonnent une fois libérés de l'ordinateur.

Bequeath
Baubles
Brilliantly
Contribute
Compliments
Continuously
Fork over
Favors
Frivolously
Offer
Present
Posessions
Passionately

Création : **Vrontikis Design Office**
Projet : **Étiquette-cadeau**

Plus proche du paquet cadeau que de la carte de vœux, cette pochette de style japonais promet beaucoup... sans décevoir. Elle se présente sous la forme d'une enveloppe de carton noir ondulé, fermée par un fin morceau de ruban rouge. Une fois la pochette ouverte, la partie centrale jaillit avec une exubérance que ne renierait pas un diablotin. Les plis en accordéon du centre génèrent des fentes dans lesquelles sont insérées une sélection d'étiquettes-cadeau. Cet ensemble créatif était le quatrième d'une série de cinq, que Vrontikis Design Office utilisait comme étiquettes-cadeau pour ses amis et clients. Comme l'explique Petrula Vrontikis, « nos sources artistiques étaient éclectiques et s'étendaient des gravures anciennes à l'art inédit de nos projets en cours. Nous « étiquetons » les cartes sur l'espace laissé par les feuilles de tirage des travaux s'étalant d'un bout à l'autre de l'année, d'où une grande diversité d'agencements de couleurs et de papiers. Notre inspiration, dans le cas présent, allait des livres animés au célèbre ouvrage de Hideyuki Oka, *How to Wrap Five Eggs*.

Création : **salterbaxter**
Client : **Tate Modern**
Projet : **Invitation à une exposition**

L'exposition Matisse-Picasso s'est tenue à la galerie Tate Modern (Londres), en 2002. Elle examinait les relations entre les deux peintres les plus prolifiques du XXe siècle et visait à montrer, à travers leurs œuvres, que la relation entre Matisse et Picasso était beaucoup plus intime et plus complexe qu'il ne l'avait été admis jusque-là. L'agence salterbaxter a été chargée de concevoir l'invitation au dîner réunissant les sponsors *Ernst & Young* et marquant l'ouverture de l'exposition. La solution a consisté à utiliser un papier plié en accordéon, en découpant les visages des deux artistes et en joignant les extrémités. Les visages n'apparaissent que si l'invitation est en partie déployée et que les plis sont vus en oblique. L'agence *salterbaxter* a créé le style visuel et tous les documents associés, qui ont accompagné le parrainage de l'exposition par *Ernst & Young*. Elle a également imaginé une immense toile de fond, suspendue dans le *Turbine Hall* de la galerie.

Création : **Multistorey**
Client : **Bryan Morel PR**
Projet : **Invitation**

L'invitation à la conférence de presse de la société PR est aussi bien pliée que le mouchoir d'un riche gentleman dans la poche supérieure de son costume. Une fois l'invitation pliée seul le texte *Bryan Morel PR* apparaît ; quand les plis sont ouverts, les lettres bleu marine composant les trois lignes horizontales se décomposent distinctement en colonnes verticales sur plusieurs lignes de lettres bleu pâle qui composent alors la liste des clients de Bryan Morel PR. Les noms doivent être soigneusement alignés afin qu'une fois pliée, l'invitation fonctionne de manière ordonnée. Les détails de la conférence de presse figurent sur la dernière page. L'invitation pliée était envoyée dans une boucle semblable à celle d'une ceinture – créée par deux fentes diagonales – sur un morceau rectangulaire de carton bleu marine. La carte non seulement maintient les plis en place – illustrant la subtile présence de la mention *Bryan Morel PR* sur le devant ; mais une fois l'invitation retournée, les détails apparaissent au dos, à travers la découpe. L'invitation dégage une impression d'ordre et d'organisation, à l'image des meilleurs membres du personnel PR. Il s'agit d'une création graphique spirituelle et qui, à coup sûr, ne se retrouvera pas à la corbeille, une fois la conférence de presse achevée.

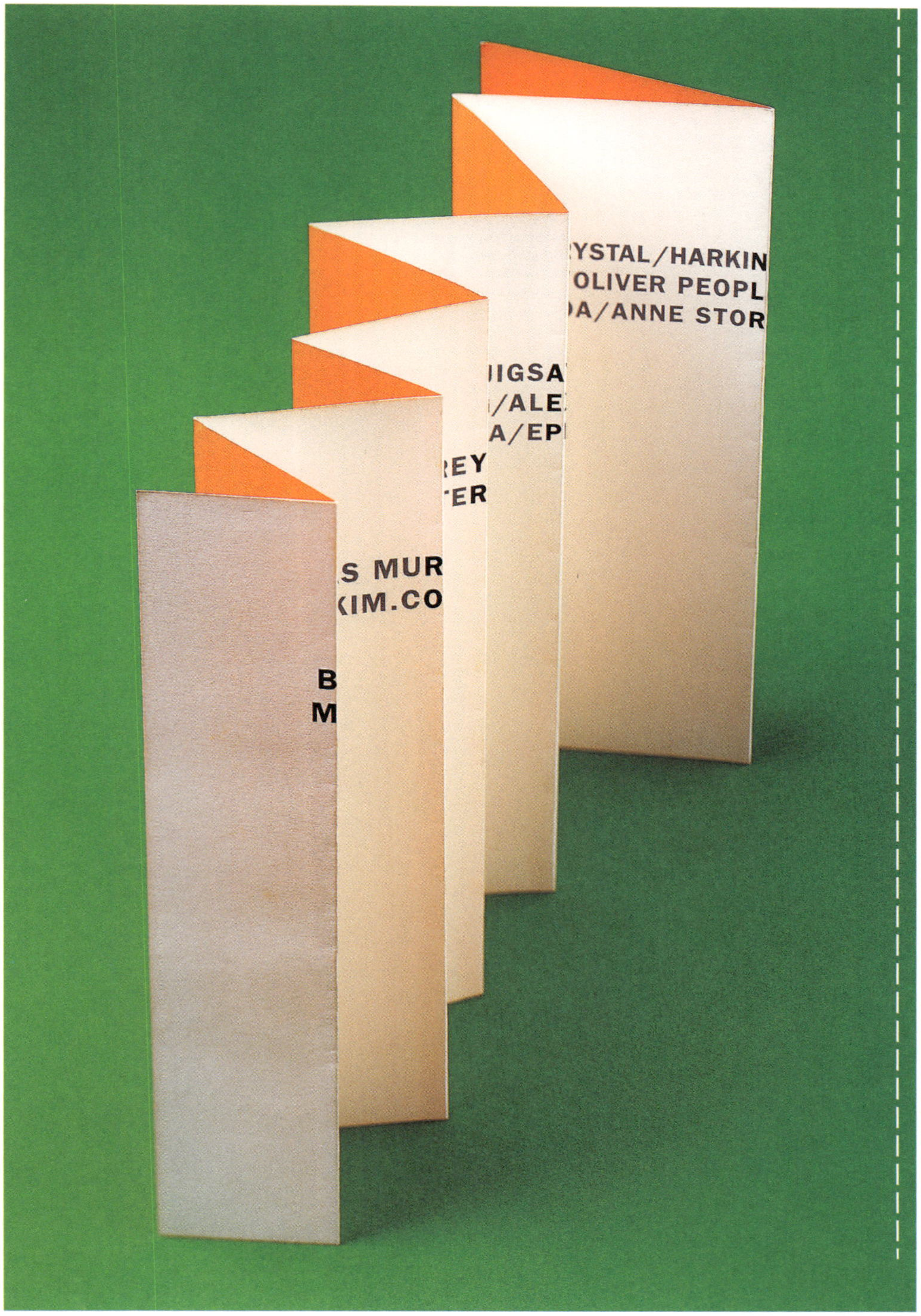

Création : **Zuan Club**
Client : **Bingo Bongo Club**
Projet : **Invitation**

Cette invitation à l'inauguration d'un restaurant-discothèque japonais est d'un aspect très luxueux grâce à l'utilisation d'un papier sans bois, d'un ruban et de plis insolites. Non seulement le papier offre une résistance et une texture extraordinaires, mais en plus le lecteur doit défaire un ruban de soie pour découvrir l'intérieur de l'invitation. Une fois celle-ci ouverte, deux plis inversés apparaissent à proximité du centre. Les plis de la reliure renforcent l'objet et rigidifient la structure permettant de l'exposer facilement sur une étagère ou un bureau.

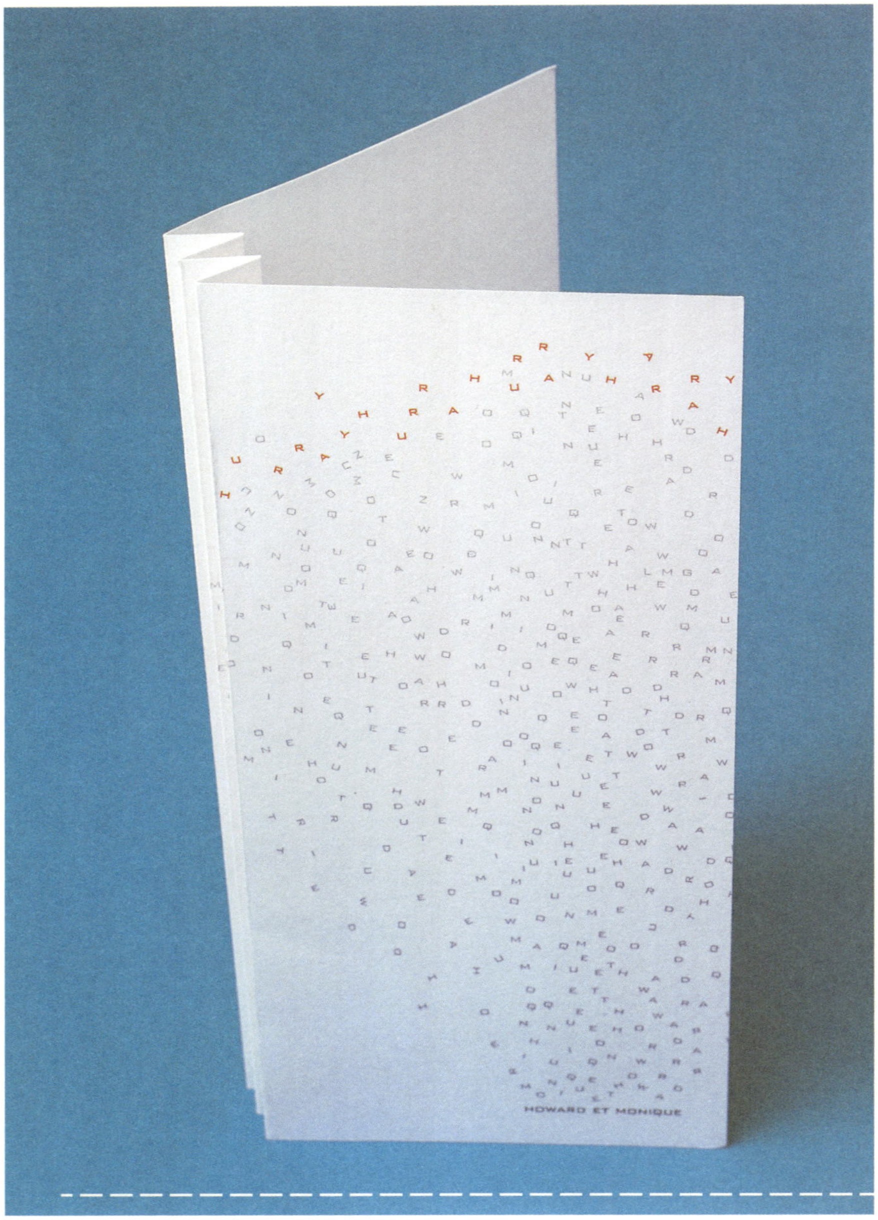

Création : **Lawrence Garwood et Etu Odi**
Clients : **Howard et Monique**
Projet : **Invitation à un mariage**

Les deux volets de ce séduisant faire-part de mariage sont joints non pas au moyen de la simple charnière créée par un pli, mais de plusieurs petits plis réunis pour créer un effet en accordéon. Le faire-part ressemble au dos d'un livre sans couverture dont les cahiers seraient visibles. L'idée est simple et le résultat, très élégant, convient parfaitement au propos de la carte. Cette dernière a été conçue par Lawrence Garwood, de l'agence graphique Etu Odi.

Création : **KesselsKramer**
Projet : **Personnel**

Missing Links est un livre miniature en accordéon avec une couverture carton ; sur la première de couverture, le titre est réalisé en estampage à chaud avec un effet holographique. Chaque page propose une photo polaroïd extraite de plusieurs centaines d'images prises sur une période de dix ans par Erik Kessels. La page d'introduction donne l'explication suivante : « *Les éléments par eux-mêmes n'ont que peu de pertinence, si ce n'est aucune, tant qu'ils ne sont pas regroupés et juxtaposés. Il existe alors une référence, un faire-valoir visuel qui permet de définir un contexte. En effet, comment peut-on dire ce qui est beau tant que l'on ignore ce qui ne l'est pas ?* » Un autocollant explicatif est également présent au dos de l'emballage plastique, dans lequel le pliage en accordéon est initialement contenu (l'emballage rappelle celui des collections de stickers sur le thème du cinéma ou du football que l'on trouve dans les paquets de céréales) : « *Une photo polaroïd constitue le médium d'une vision fugitive qui demeure immobile un instant, puis s'efface. C'est un lien avec un instant donné. Ce n'est que plus tard, une fois que le plus grand nombre possible de photos aura été passé en revue, que le photographe et l'éditeur appliqueront un thème ou une logique. La recherche de liens manquants crée ainsi une nouvelle perception des instants et un moyen inédit de les relier. Elle peut aussi permettre de se remémorer le passé et d'intensifier des moments connectés de multiples façons et qui, pour chacun et pour des raisons différentes, font lien.* » Il est préférable de regarder les 18 photos polaroïds par paires, ouvertes comme les doubles pages d'un livre relié de manière traditionnelle. Si le pliage en accordéon est déployé dans sa totalité, les liens paraissent presque dissolus.

Création : **Lippa Pearce**
Projet : **Carte de Noël**

Cette carte de Noël en accordéon, adressée par l'agence graphique Lippa Pearce, permet, une fois dépliée, de découvrir un message énigmatique. Une fois déchiffré, celui-ci se révèle être un extrait d'une vieille comptine de Noël.

Création : **William Hall**
Client : **London College of Fashion**
Projet : **Livre du centenaire**

Une affiche en édition limitée, imprimée en noir et or, enveloppe les exemplaires de lancement de l'ouvrage donnant ainsi un bref aperçu de son contenu. L'ouvrage *Measure Book* a été créé pour célébrer le centenaire du *London College of Fashion*. Il propose des articles rédigés par des créateurs de mode aussi prestigieux que Jimmy Choo, Giles Deacon, Zandra Rhodes, Paul Smith, Mario Testino et Vivienne Westwood. Le livre demande à chaque collaborateur de réfléchir à propos de l'influence de Londres sur la culture contemporaine – et plus particulièrement en matière de mode – au cours du siècle écoulé. Les photos (en page de droite) et le texte (en page de gauche) sont strictement séparés et permettent que l'ouvrage, riche en images, soit lu essentiellement comme un essai visuel. Cette délimitation est accentuée par les images qui sont placées à la perpendiculaire de la page. L'index et la table des matières sont regroupés sur le verso de la couverture qui se présente sous la forme d'un dépliant. La position de chaque entrée se réfère au numéro de la page et à la graduation placée en regard.

Création : **Iris Associates**
Client : **Plantology**
Projet : **Livre promotionnel**

Les pages de ce séduisant livre promotionnel, conçu par l'agence Iris Associates pour le magasin de fleurs Plantology, présentent sur chacune d'elles un double encart dépliant qui, une fois ouvert, se décompose en trois panneaux. Le livre explique de quelle façon les fleurs représentent des explosions de couleurs. Cette force est parfaitement illustrée par le fait que les pages blanches se déplient et laissent place à des gros plans floraux, aux couleurs vives et évocatrices. Chaque page à trois panneaux se replie à la taille d'une seule page et est collée aux autres pages. Le dos du livre reste découvert, si bien que les plis parfaitement superposés sont exposés et s'apparentent à un pli accordéon. Deux morceaux de carton blanc servent de première et de quatrième de couverture, l'illustration complexe d'une fleur ainsi que le nom de l'entreprise sont réalisés en gaufrage à la feuille sur la première de couverture.

Kate Farley

« Chaque fois que j'enseigne l'art du livre et que je commence à montrer les plis et les structures cousues de base, j'ai le sentiment d'initier mes étudiants à un monde secret » explique Kate Farley, artiste du livre et professeur. Ses livres, réalisés manuellement en éditions limitées qui n'excèdent pas, en principe, 20 exemplaires, reposent généralement à plat, jusqu'à ce qu'ils soient ouverts. Quand vous soulevez la page de couverture, vous réalisez que vous avez besoin de vos deux mains, que vous devez ouvrir le livre à partir de la surface et saisir les couvertures séparément, et que les pages, au lieu d'être tournées l'une après l'autre, doivent, le plus souvent, être démêlées. « Dissimuler » et « dévoiler » sont deux mots auxquels Farley encourage ses étudiants à réfléchir et qui décrivent parfaitement son travail. Pour Farley, créer un livre consiste à « produire un objet nécessitant la conjonction organisée de plusieurs considérations différentes ». Elle s'explique ainsi : « Il ne s'agit pas de placer les images dans une structure qui est celle du livre, mais de prendre en compte toutes les spécificités que propose un livre. Enchaînement, narration, temps, aussi bien que contenus structurel et visuel. » Lorsque vous avez atteint un équilibre parfait entre la structure et le contenu visuel, vous êtes en présence d'un ouvrage satisfaisant. L'ouvrage Totality, livre en accordéon qui, d'un côté, épouse les formes de l'éclipse solaire et de l'autre celles de l'éclipse lunaire, en constitue un excellent exemple. Le contenu, la structure et le matériau semblent avoir évolué si harmonieusement en un tout qu'il est difficile de déterminer le composant conceptuel qui est apparu en premier. « À l'origine, je prévoyais d'imprimer ce travail jusqu'à ce que me vienne l'idée que, dans la mesure où il s'agissait d'un livre sur l'obscurcissement progressif de la lumière, il devait être créé en occultant graduellement la lumière, d'où l'idée des photogrammes. Une fois en possession d'un papier photographique qu'il m'était possible de plier, je dus œuvrer tant que chaque livre était encore humide. » Le projet fut réalisé dans la salle de bain – qui servait aussi de chambre noire – au milieu de la nuit.

L'approche de Farley diffère à chaque création. « Parfois, je commence par une série de dessins, parfois, par la structure. J'ai passé de nombreux jours, assise à mon bureau, à simplement plier du papier. Cette sorte de jeu peut entraîner d'autres options avant que je ne sois certaine d'avoir trouvé la relation parfaite entre contenu visuel et contenu structurel. Aucun des deux n'importe plus, c'est avant tout une question d'équilibre. » La création intitulée 360 est une pliure en accordéon, composée de quatre plans, chacun orienté selon les quatre points cardinaux (nord, sud, est ou ouest) d'un paysage, au travers de demi-cercles coupés le long de la circonférence et repliés dans la partie restée intacte du cercle

complet. Dans le cas présent, l'idée de la structure s'est présentée assez aisément, mais Kate Farley a passé « des jours à dessiner des variantes sous forme de schémas, à changer d'avis sur la partie précise du paysage à montrer et à s'entraîner sur les quatre quarts de cercle avant de les valider sur le cliché typographique. »
Farley s'est intéressée à l'art du livre alors qu'elle était étudiante, plus précisément en surfaces et textiles imprimés. Son mémoire final portait sur le livre artistique. Naturellement, elle s'est ensuite dirigée vers un diplôme supérieur en livre d'art. « Après ma formation dans les textiles où je pensais toujours en termes de largeur et de teinture des tissus, il était étrange de réfléchir à la direction du grain » explique-t-elle. Kate Farley utilise principalement le papier Fabriana Artistica 200 ou 300 g/m^2, normalement 200 g/m^2 pour le pliage. « J'aime l'énergie qui se dégage de ces plis » dit-elle en dépliant l'ouvrage en accordéon Two Sides Of The Same Street. Chaque pli semble contenir une réserve d'énergie. Et tout se passe, pour ainsi dire, comme si celle-ci devait être contenue, puis libérée. »

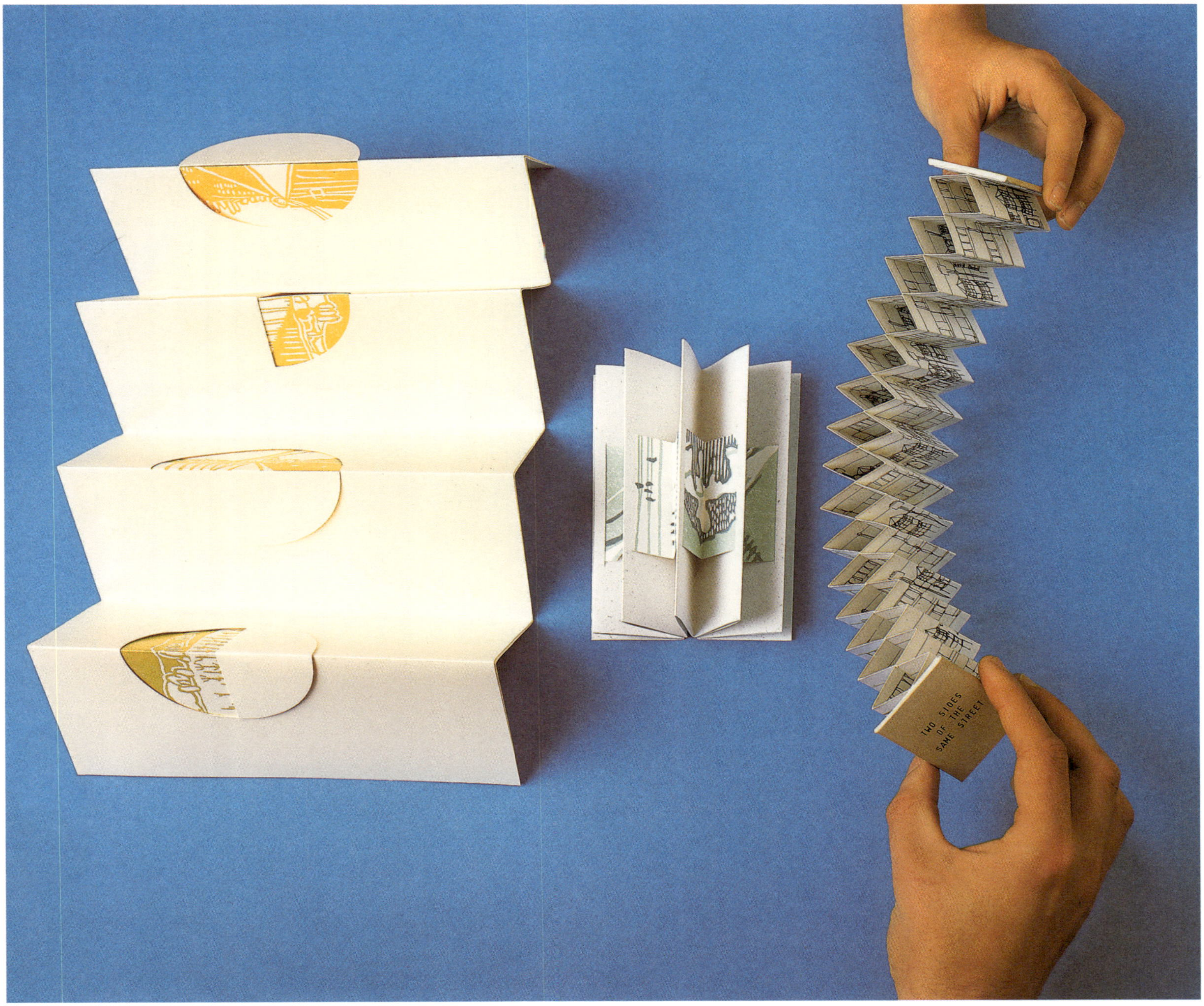

Les premiers travaux de Farley exploraient les thèmes du lieu et du foyer. Son travail Within Four Walls est une structure pliée à trame soulignant la valeur du « foyer » comme lieu sûr et familier au sein d'une grande ville. Quand vous tirez sur les quatre rabats à angles droits, une structure rigide comportant un carré central apparaît et révèle l'intérieur décoré de la chambre de Farley. L'œuvre Two Sides of the Same Street explore les contrastes en matière de goût et de niveau de vie à Londres. Farley fut frappée par ceux-ci quand elle vivait dans un « appartement sinistre donnant, de l'autre côté de la route, sur un ensemble de magnifiques maisons ». Cette double pliure en accordéon emboîtée, qui s'ouvre et révèle dans l'ordre les appartements et les maisons, témoigne parfaitement de la dichotomie existant entre les habitats extrêmement différents qui se côtoient dans les grandes villes.

Parmi les sujets auxquels Kate Farley s'est également intéressée figurent les voyages et les paysages. Elle dessine souvent les paysages qu'elle longe lors de ses déplacements en train. « Mes dessins sont devenus des modèles, capturant l'essence d'un lieu, plutôt que des études formelles. Une sorte de souvenir, de mémento. » Kate Farley utilise peu de texte dans ses œuvres. « Je ne me sens pas très à l'aise dans l'utilisation d'un texte abondant et je ne suis pas illustratrice. Les mots que je choisis pour le titre des œuvres me suffisent. Ils offrent des indices quant au sujet, mais en préservent aussi les secrets. »

Farley pense qu'en matière de livres d'art, la fabrication occupe une place tout aussi importante que la conception. « Une fois que vous avez terminé une œuvre, vous la connaissez parfaitement, il existe une relation intime très forte entre elle et vous » précise-t-elle. Kate Farley travaille sur l'édition par étapes successives : le découpage, le marquage de la pliure, le pliage et la construction. Il lui plaît de voir à quel point ses livres témoignent d'une création à la fois simple et accessible, à tel point qu'elle peut se mettre au travail et fabriquer un ouvrage où que cela lui plaise. « Tout ce dont j'ai besoin pour créer un livre est une équerre à dessin, un couteau et un plioir – outils que je peux emporter avec moi et qui me permettent de fabriquer un live où bon me semble. »

La fabrication de livres séduit bien plus Farley que la création de peintures, de tissus imprimés ou de sculptures – travaux accomplis normalement sur des surfaces ou des plans singuliers pouvant être décrits comme ouverts en permanence, plus exposés publiquement et invitant, de ce fait, à une expérience partagée. « Le livre que vous tenez entre vos mains paraît beaucoup plus intime et personnel », dit-elle. « Il m'est souvent arrivé de proposer des créations artistiques traditionnelles, mais l'expérience des galeries ne me convenait pas. Le livre correspond à une rencontre privée. Les personnes peuvent en être propriétaires et le manipuler à leur guise, sans que le livre ne leur coûte une somme considérable. » Un point important pour Kate Farley est que ses livres, normalement vendus lors des salons réser-

vés aux livres d'art, soient accessibles financièrement. Elle ne se préoccupe pas du fait que les prix qu'elle pratique soient loin de refléter le temps passé, car elle n'a jamais souhaité faire de son activité une entreprise commerciale. « Les artistes présents à un salon proposent des créations aux tailles, aux formes et aux sujets les plus divers, et, j'en suis sûre, avec des motivations artistiques extrêmement variées » commente Kate Farley. « Les artistes du livre ne sortent pas tous du même moule, même s'ils partagent le même plaisir de la création. Leur bonheur profond, c'est le papier, le contrôle de la production et la publication – je doute que ce soit l'argent ! »

« Le passage de l'idée initiale à la production peut être, parfois, un combat exaspérant et, d'autres fois, un travail empreint d'évidence. Il me semble que l'impression, le pliage et la construction relèvent aussi bien d'un processus mental que la production physique elle-même. Si vous vous retournez sur une édition achevée de livres, vous oubliez aisément les difficultés par lesquelles vous êtes passé. Parfois, j'éprouve la sensation que chaque livre est mon dernier, jusqu'à ce que je me retrouve en train de plier à nouveau et de nourrir ma prochaine œuvre. »

INSIDE-OUT

Création : **Carter Wong Tomlin**
Client : **Royal Horticultural Society**
Projet : **Invitation à une conférence de presse**

Dans le cas présent, le pli parallèle crée, avec à propos, une haie pour la Royal Horticultural Society. « *Avant notre engagement auprès de la* Royal Horticultural Society, *l'organisation se contentait d'un graphisme assez conventionnel, à savoir quelques lignes de texte coiffées d'un logo, le tout sur la même carte* » raconte Phil Carter, de Carter Wong Tomlin. « *Nous avons, par conséquent, essayé d'insuffler un peu d'humour, d'esprit, de fun..., appelez-le comme bon vous semble, dans l'invitation à la conférence de presse annuelle de la RHS, notre objectif étant qu'elle ressorte et reste gravée dans les mémoires. Nous avons ainsi choisi une image appropriée avec la présence d'une haie et d'un jeune coq, lequel s'avère une parfaite incitation à agir. En pliant la carte de manière inversée, nous créons une haie en 3 D, sur laquelle le coquelet peut se tenir droit !* » La touche finale a consisté à ajouter les cisailles (reposant contre la haie) comme symbole montrant aux destinataires à quel endroit couper la partie RSVP de l'invitation. Imprimées en deux couleurs, avec une infime partie coloriée à la main, les 500 invitations ont obtenu un vif succès auprès des membres de la Royal Horticultural Society.

Création : **Carter Wong Tomlin**

Client : **Capital City Academy**

Projet : **Fournitures de bureau**

Dans cette création destinée aux fournitures de bureau de *Capital City Academy*, Carter Wong Tomlin utilise le pli parallèle pour donner l'illusion d'un mur en briques.

Création : **Zuan Club**
Client : **Karnak Club**
Projet : **Flyer publicitaire et invitation**

Alors que, dans le travail de Carter Wong Tomlin, les images étaient placées sur la face extérieure du tunnel créé par le pli parallèle, ici, le pli est inversé au centre et les images du flyer et de l'invitation pour l'inauguration du bar-restaurant sont placées sur la face intérieure de la pliure. Aucune réelle astuce dans le cas présent ; la conception est assez simple quant à son objectif... exhiber l'intérieur du bar-restaurant et le mettre en valeur comme principal argument du lieu.

Création : **The Riordan Design Group**
Client : **Camp Mini-Yo-We**
Projet : **Dépliant publicitaire**

Le pli parallèle peut donner lieu à des effets supplémentaires. Dans cet exemple, des découpes ont permis de créer de véritables lettres en 3D. Les plis inversés ont été découpés avec les formes des trois initiales de Mini-Yo-We, lieu de vacances pour enfants, au Canada.

Création : **Studio Thomson**
Client : **Ballistic**
Projet : **Cartes de visite**

Les cartes de visite destinées à l'agence Ballistic sont imprimées sur un papier brillant couleur bordeaux, le logo se présentant sous forme d'une suite de points en gaufrage. La lumière rayonne sur ceux-ci de telle sorte qu'ils s'apparentent à de petites balles blanches, qui se détachent de la page, définissent le texte avec succès et, dans le même temps, font subtilement référence au nom de l'entreprise « *Ballistic* ».

Création : **Sayles Graphic Design**
Client : **M.C. Ginsberg**
Projet : **Invitation pour une vente de Noël**

Créée par Sayles Graphic Design, cette réclame coupée à l'emporte-pièce se démarque délibérément d'une présentation sobre. La quadrichromie utilisée pour les photos des bijoux en pop-up offrent un contraste audacieux avec les zones de texte sur fond noir.

Création : **Zuan Club**
Client : **Wordperfect**
Projet : **Dépliant**

L'une des lettres a été partiellement découpée le long de ses bords. Quand la page est pliée, la partie découpée du « W » déborde et repose pardessus l'autre panneau créé par le pli. Une telle utilisation, intelligente mais simple, du découpage et du pliage ajoute un effet décoratif et, dans le cas présent, met en valeur la lettre qui, pour ainsi dire, résume visuellement la stratégie de marque de la compagnie.

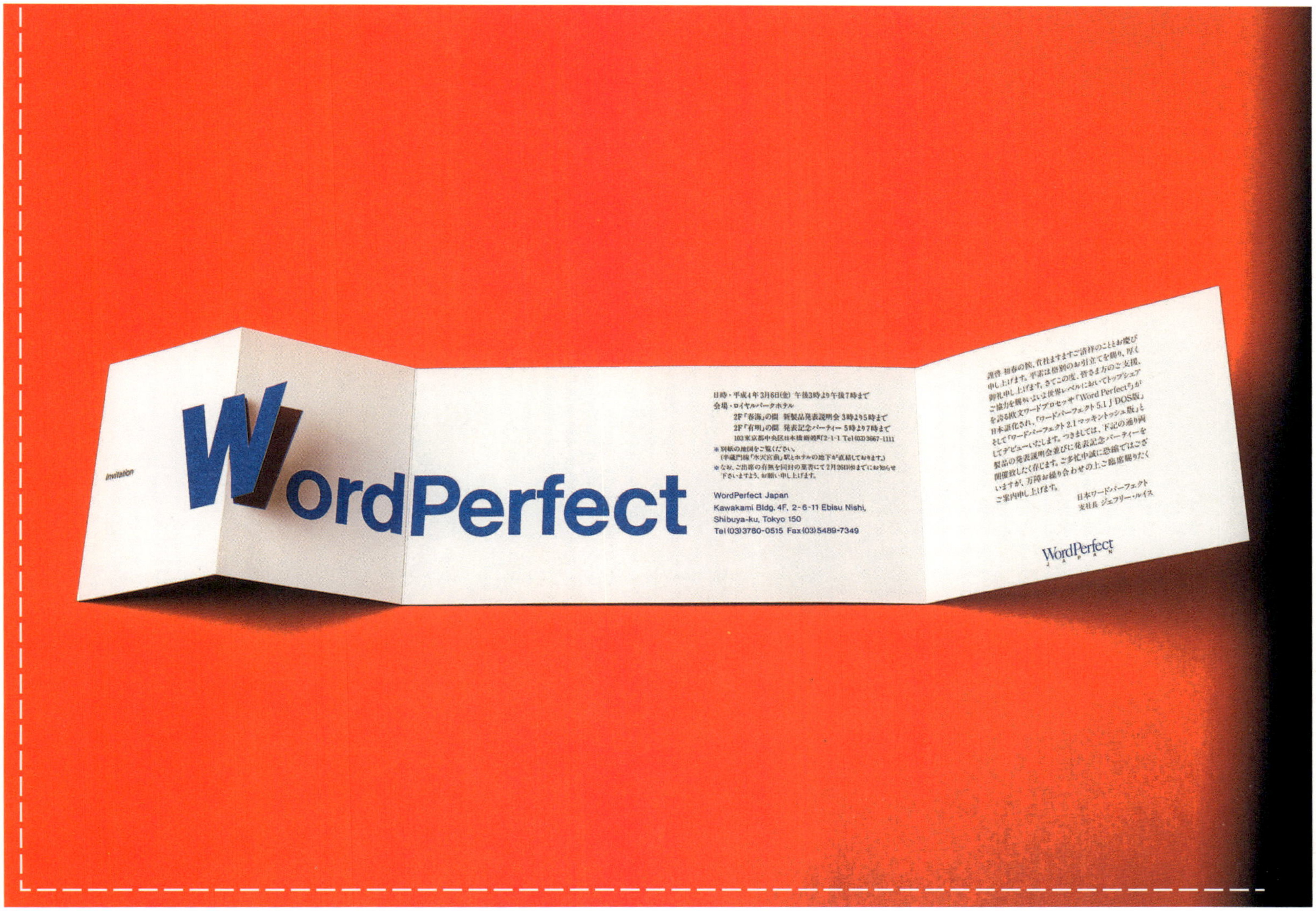

Création : **Marion Bataille**
Projet : **Livre animé**

Les lettres s'animent dans ce livre intitulé *ABC3D* et créé par la graphiste Marion Bataille. Par exemple, les lettres A et H se tirent et forment des carrés en papier, la lettre C s'inverse et devient un D tandis que le mouvement des pages que l'on tourne actionne les fils de marionnettes dissimulées, et le jambage inférieur de la lettre E se rabat pour laisser place à un F. Et pour couronner le tout, l'ensemble est imprimé selon un agencement simple de trois couleurs, dans le plus pur style japonais : rouge, blanc et noir. Cet alphabet 3 D est un cadeau idéal pour les enfants des graphistes... et des autres.

Albin Michel Jeunesse et Bloomsbury © 2008

Cut
Couper
Tagliare
Cortar
Schneiden
折る

Couper

Le découpage à l'emporte-pièce peut être exploité pour créer de multiples effets. De simples fentes permettent d'attacher des pages, d'insérer des cartes de visite ou d'assembler des bristols pour créer des formes 3D. Les formes et les bords découpés peuvent servir à révéler une partie de la page suivante, les formes elles-mêmes fonctionnant alors à la façon d'une illustration imprimée.

Ces trois créations graphiques montrent comment un simple carré est utilisé de trois façons différentes. Le thème, simple mais efficace, a été conçu par Arizona's After Hours Creative pour Blue Space : il a nécessité l'utilisation d'un emporte-pièce carré sur un texte bleu à fond blanc (ou inversement), comme illustré ici. Pour lire la brochure, vous devez obligatoirement l'ouvrir au milieu. La question « *what are you afraid of* ? » (*De quoi avez-vous peur* ?) surprend le lecteur. Ironiquement, l'invitation à « penser en dehors des cadres » et à « renforcer l'autonomie par l'interaction » semble aller à l'encontre de la création graphique, car elle incite le lecteur à exercer une certaine violence sur l'œuvre pour accéder à son contenu.

Dans les fournitures de bureau de l'agence photographique Quasi, la position du carré de découpe varie selon la page sur laquelle le lecteur tombe. Quand la page pliée est ouverte, celui-ci découvre à l'intérieur une rangée imprimée d'images, une pour chaque photographe de l'agence. Une fois plié, le carré de découpe de la moitié superposée laisse place à l'une des images. L'image vue dépend de l'emplacement sur la ligne du point de découpe du carré de chevauchement. Conçue par Birgit Eggers de l'agence Eggers + Diaper, cette création expose intelligemment le travail de tous les photographes, en mettant l'accent sur celui impliqué dans une correspondance donnée.

Les emporte-pièces ont probablement été créées à l'aide de la plus élémentaire des méthodes, les bandes de métal étant pliées pour créer des bords tranchants, puis placées dans un bloc appelé forme. Celle-ci est, ensuite, insérée sur le marbre d'une presse typographique ou d'une presse à découpe. Des formes plus complexes peuvent être créées grâce aux découpes produites par les tôles gravées à l'acide d'une image photographique extraite de l'œuvre. Pour les modèles très élaborés, comme la carte de Noël conçue par Trickett & Webb, il est possible d'utiliser une découpe au laser. L'image du Père Noël est obtenue à partir d'une mosaïque composée des découpes les plus petites. Un réseau diaphane de fibres est conservé à l'arrière, créant ainsi une texture inhabituelle.

Même si les résultats obtenus demeurent étonnants, il importe de se rappeler que la découpe au laser est une option onéreuse. Quand cette technique est apparue, l'on pouvait légitimement espérer qu'elle coûterait de moins en moins cher au fur et à

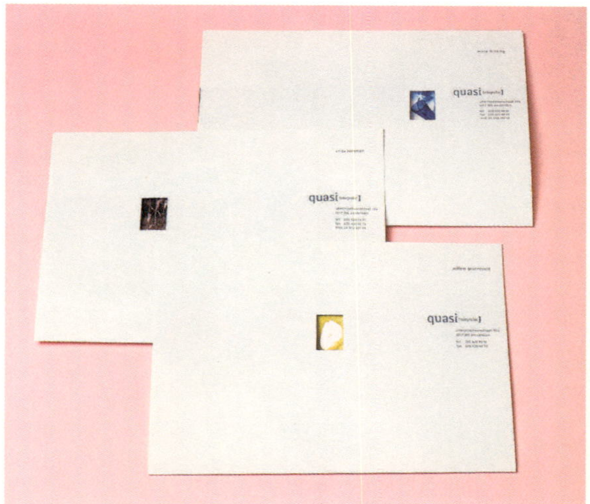

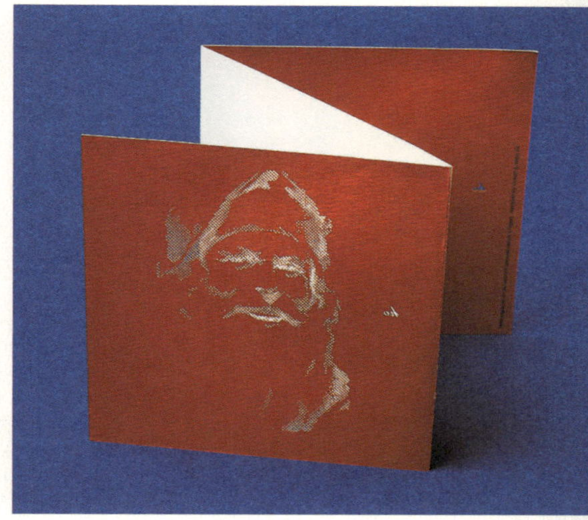

mesure qu'elle se répandrait. Malheureusement, c'est l'inverse qui s'est produit. La demande ne fut pas suffisante et de nombreux imprimeurs qui proposaient la découpe au laser estimèrent finalement qu'elle n'était pas rentable et la supprimèrent de leurs prestations. Si votre budget vous autorise une découpe au laser et si vous trouvez un bon imprimeur qui vous assure un tel service, prenez en compte quelques points importants lors du choix du papier.

Les rayons laser coupent très aisément à travers le papier non couché composé de pâte de bois ou de fibres de coton. La raison en est que le rayon se compose de minuscules photons de lumière qui recherchent les molécules de papier les plus aisément séparables. Les photons ont plus de mal, et par conséquent, prennent plus de temps à se frayer un chemin à travers le papier au glacis ou autres produits synthétiques. Le poids de la feuille affecte aussi la vitesse. La découpe au laser d'une feuille épaisse nécessite un temps plus long. Sur un papier fortement couché, une légère décoloration peut apparaître sur l'envers, suite à la brûlure occasionnée par les rayons. Le défaut est moins évident si l'impression s'effectue avec une couleur qui masque la brûlure. Une autre solution consiste à exploiter le léger jaunissement du bord comme élément de la création graphique. Qu'il s'agisse d'une découpe au laser ou d'une découpe métallique traditionnelle, il est toujours préférable de contacter l'imprimeur et de tester la découpe sur le papier de votre choix.

Les pages suivantes illustrent certains effets qu'il est possible d'obtenir quand découpes imaginatives et impression de qualité sont étroitement associées.

Création : **Multistorey**
Client : **Caro Communications**
Projet : **Carte de Noël**

Il est rare que les entreprises utilisent les cartes de Noël uniquement pour adresser leurs vœux : elles sont plutôt employées comme support pour véhiculer d'autres messages. Celle-ci, par exemple, annonce l'arrivée d'un nouvel associé au sein de l'entreprise. Multistorey a créé deux cartes distinctes en forme d'arbre de Noël et coupées au laser, chacune correspondant au nom de l'un des partenaires. Une fois emboîtées, elles forment un arbre de Noël 3D, sur pied. L'arbre contient à sa base un message gaufré de couleur rose. L'aspect 3D confère à la carte une présence affirmée et l'interactivité requise aide à communiquer l'idée d'éléments distincts qui, une fois regroupés, fonctionnent comme un tout.

Création : **Wood McGrath**
Client : **The British Council of Art**
Projet : **Affiche**

Chaque année, le département Architecture & Design du British Council of Art récompense le vainqueur de son concours annuel international de jeunes graphistes avec une affiche encadrée, contenant une citation, toujours la même, de l'écrivain George Bernard Shaw. L'interprétation de la citation par l'agence graphique Wood McGrath l'a conduite à diviser en deux les formes des lettres, en combinant impression, découpe manuelle et pliage, afin de refléter le double sens de la phrase de George Bernard Shaw. La présente récompense a été remise au vainqueur 2007, Sigal Cohen, originaire du Venezuela, au cours d'une cérémonie organisée au *100 % Design* (Londres).

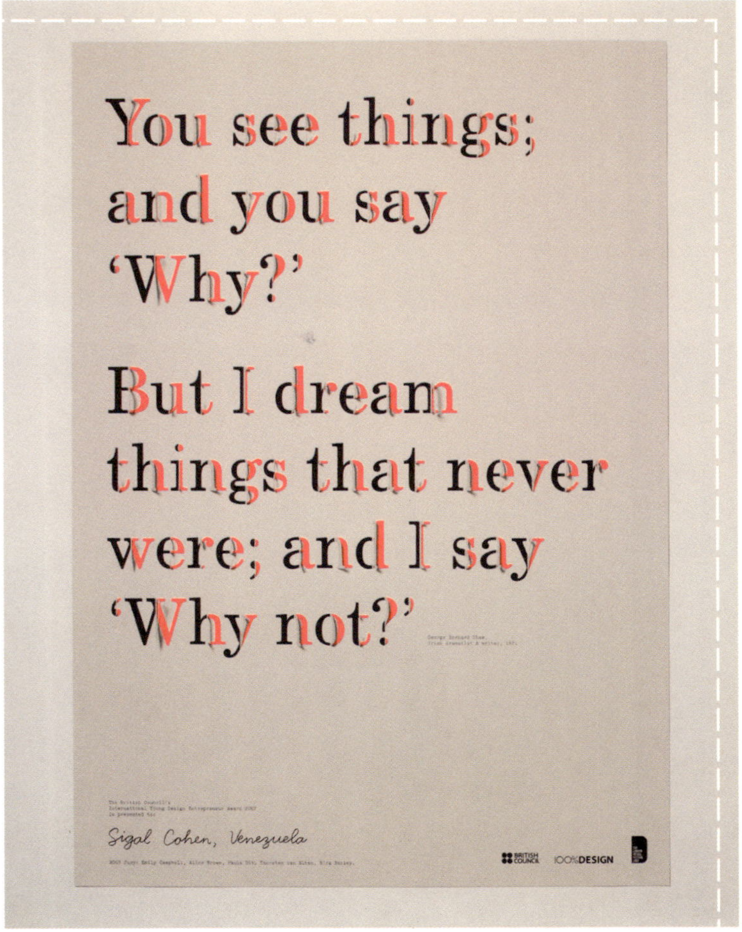

Création : **Metalli Lindberg**
Projet : **Cartes publicitaires**

Ce jeu de 12 cartes promotionnelles à fente a été créé pour célébrer le nouveau studio de l'agence italienne Metalli Lindberg. Le studio est installé dans une grange, à la campagne, non loin de Trévise. L'ensemble du personnel s'est impliqué dans cette création basée sur les éléments qui caractérisent l'espace de travail des graphistes de l'agence. Le résultat est un paquet de 12 cartes, reprenant en écho le thème de la répétition (« re:... »). Lors de l'inauguration, les cartes ont été distribuées aux invités, qui devaient se livrer à leurs propres constructions et associations. Un paquet complet a également été offert en souvenir aux personnes présentes, ainsi qu'à celles qui n'avaient pu assister à l'événement.

Création : **Zuan Club**
Client : **Arjo Wiggins**
Projet : **Échantillon**

Ici, une feuille de papier, découpée à l'emporte-pièce et pliée, se replie sous la forme d'une valise. Celle-ci peut être utilisée, par exemple, comme étui d'une carte téléphonique. Conçue pour Arjo Wiggins, cette création graphique se dédouble en un volet d'informations de la taille d'une carte de visite, imprimé sur papier *Conqueror*. La valise elle-même est un échantillon qui met en évidence la résistance et la souplesse du papier, et prouve qu'il convient parfaitement aux projets nécessitant découpes et plis.

Création : **Birgit Eggers, Eggers + Diaper**
Client : **IMOTA**
Projet : **Pochette et cartes postales**

Cette collection de cartes postales, destinée à promouvoir un défilé de mode, est contenue dans une couverture réalisée à l'emporte-pièce avec une référence (au second degré) à une ceinture. Conçue par Birgit Eggers, la couverture montre qu'il n'est pas nécessaire d'utiliser des agrafes, des clips ou un dossier distinct pour maintenir les feuilles ou les cartes : grâce à une manipulation subtile des découpes et des plis, le papier de la couverture peut être suffisamment renforcé pour fonctionner comme une pochette ou un dossier.

Création : **Eggers + Diaper**
Client : **Jewish Museum, Berlin**
Projet : **Dépliant**

Il est étonnant de voir le nombre d'utilisations que permet une simple image lorsque vous recourez à la technique de la découpe à l'emporte-pièce. Ce dépliant pour le Musée juif de Berlin est astucieusement découpé, de façon à ce que chaque bord droit tombe à un endroit différent. Le long de chaque bord se trouve une partie de l'image découpée. Ce n'est que lorsque toutes les pages sont fermées que les différents fragments de la photo apparaissent et donnent à voir l'image dans sa totalité. L'objectif est qu'une page prise isolément ne paraisse pas discordante, mais que le langage visuel du dépliant, appréhendé comme un tout, permette de dégager une grande fluidité en reliant l'ensemble des pages en une seule image. L'effet puzzle confère une tournure habile et moderne à ce qui, sinon, ne serait qu'un dépliant de musée quelque peu conventionnel.

Création : **HGV**
Client : **Bailhache Labesse**
Projet : **Brochure**

La brochure a pour objectif que les lecteurs soient impressionnés par la qualité du personnel de ce cabinet d'avocats de Jersey et de son esprit d'équipe, sans porter atteinte à son professionnalisme. « *HGV a souhaité transmettre de façon originale le message selon lequel le personnel de Bailhache Labesse travaille en équipe pour garantir à ses clients savoir-faire et qualité* », explique Pierre Vermeir, directeur de la création. Huit visages ont été utilisés, un sur chaque page, mais coupés à un emplacement différent de telle sorte que, une fois la brochure refermée, les visages s'assemblent et composent une figure et une personnalité entièrement nouvelles. Amusez-vous à reproduire le procédé utilisé par HGV pour créer vos propres photos d'amis et de proches ! Pour la couverture, l'agence a utilisé le papier Consort Silk 250 g/m^2, et pour l'intérieur, le papier Consort Silk 170 g/m^2. L'imprimeur est Gavin Martin. Le client a été ravi du résultat et les commentaires des clients, existants ou potentiels, ont tous été positifs.

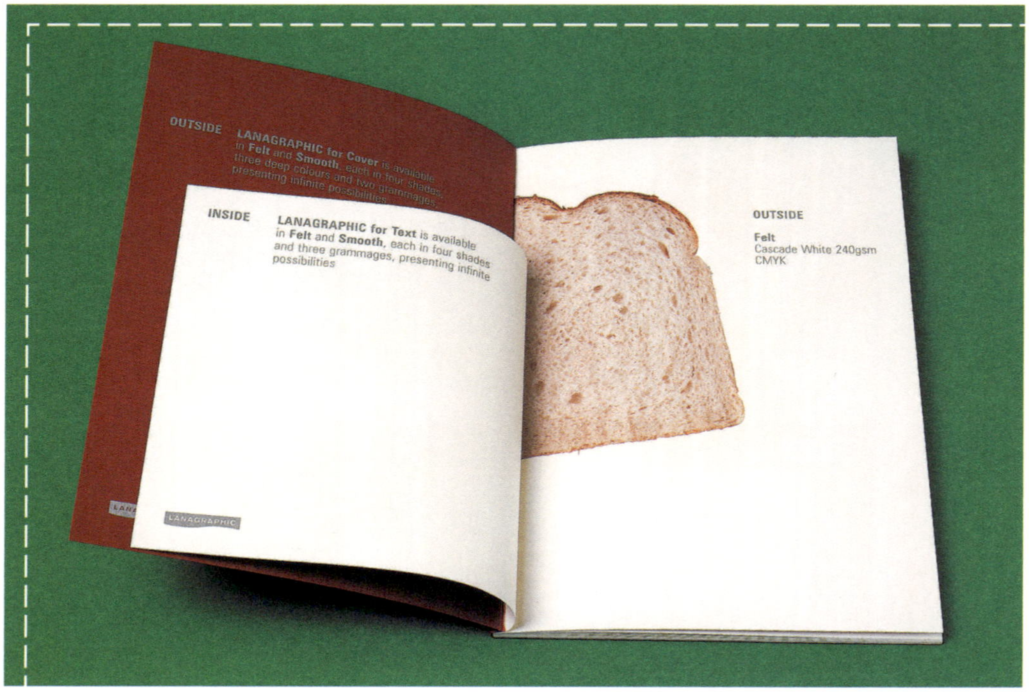

Création : **Roundel**
Client : **Zanders**
Projet : **Brochures publicitaires pour Lanagraphic**

Nous nous sommes intéressés, page 19, à la version européenne de la brochure *Inside and Outside*, créée par Roundel et reliée en dos-à-dos, et dont le but était d'assurer la publicité de Lanagraphic, gamme de papier proposée par *Zanders FinePapers*. Pour la version anglaise, l'agence graphique a employé, à certains emplacements précis, des pages coupées à l'emporte-pièce de façon à créer un lien entre l'image d'une page et celle de la suivante. Les images reproduisent une tranche de pain de mie et un couple dans une décapotable qui, une fois la page tournée, deviennent respectivement un morceau de pain grillé et un couple sur un canapé. La modification des images invite l'utilisateur à réfléchir à la texture, à toucher la page et à considérer les « possibilités infinies » du produit.

Création : **Multistorey**
Client : **Nokia**
Projet : **Brochure marketing**

Lorsque Multistorey s'est vu confier la brochure marketing d'un nouveau téléphone portable Nokia, l'agence graphique s'est penchée sur ce qui avait inspiré les créateurs de l'appareil. Différents thèmes – palette de couleurs, documents à l'aspect brillant, architecture géométrique ou motifs en forme de bijoux – furent alors exprimés sous forme d'images photographiques, de typographie et de papier créatifs, ainsi que de pages animées et pliées. Les mots-clés qui décrivent l'évolution de la conception du téléphone ont été réalisés à partir de papiers coupés manuellement et pliés, puis photographiés et superposés aux images géométriques pour accroître l'aspect 3D. La brochure a, ensuite, été étalée sous forme d'une longue bande de photos se coupant l'une l'autre comme des tessons de verre, puis les pages ont été pliées à la française. La page centrale de la brochure propose un élément qui s'anime : le bord des pages se déploie et reproduit les lignes angulaires du téléphone.

Rob Ryan

Dans de nombreux pays, le découpage du papier, à savoir l'art de créer des motifs sur papier à l'aide de ciseaux ou de scalpels, est un art artisanal traditionnel. À l'Ouest, il a été essentiellement l'œuvre de passionnés, mais, au cours des dernières années, un nombre croissant d'illustrateurs et de graphistes professionnels en ont découvert les charmes. Peut-être même avez-vous remarqué les nombreuses couvertures de livres ou de disques qui recourent à cette forme d'art.

L'un des principaux instigateurs de ce courant qui privilégie les images décoratives fabriquées à la main n'est autre que l'artiste britannique Rob Ryan. Ryan a trouvé sa véritable place dans le découpage il y a plus d'une décennie, après l'obtention de son diplôme des beaux-arts au Royal College of Art de Londres. Dans une interview accordée au journal The Independent, il explique comment son travail est devenu « plus accessible, plus facile à assimiler », depuis qu'il a commencé à découper du papier. « D'un côté, je pouvais peindre une œuvre bouleversante, dans laquelle je « me vidais les tripes », et l'exposer dans une galerie où elle serait simplement restée accrochée. D'un autre côté, je pouvais me livrer à un découpage, à une petite création fleurie, par exemple, en communiquant le même message et en utilisant les mêmes images. De plus, cette création, les spectateurs pouvaient l'appréhender sans peine. »

Le succès de Ryan est dû, en grande partie, au fait qu'il ait réussi à s'adapter au goût moderne pour un art plus artisanal et plus décoratif. Il s'est produit un rejet des lignes angulaires et de la neutralité du minimalisme au profit d'œuvres réalisées à la main et offrant un aspect presque naïf, voire enfantin. Tout se passe comme si les images imprimées devaient offrir un moyen de s'évader d'un univers où dominent les écrans et les pixels, et dans lequel nombreux sont ceux qui passent une grande part de leurs journées.

Ryan affirme que son inspiration lui vient de « tout et de rien, mais surtout d'être seul. La tristesse, l'introspection, les parcs urbains, les personnes raisonnables dans un monde qui se comporte si mal. Les enfants seuls et sages. » Bien que Rob Ryan soit un citadin – il vit dans le sud de Londres avec sa femme et ses deux filles et se rend chaque jour à vélo dans son studio de travail à l'est de la capitale – ses découpages privilégient un univers romantique où les oiseaux et les amoureux se promènent au milieu des arbres, et où les garçons et les filles marchent main dans la main à travers les prés. De même que les créations faites à la main, les thèmes pastoraux sont eux aussi revenus au goût du jour. Tout comme dans la société elle-même, où la bourgeoisie urbaine a abandonné les villas de vacances pour les tentes et les cabanes en bois afin que ses enfants profitent du grand air, et où les citadins ont déserté la ville pour vivre une forme de retour à la nature et d'autosuffisance, le monde de l'imagerie visuelle connaît un retour aux thèmes campagnards.

Une grande partie des images de Ryan possède de profondes racines dans la tradition populaire. Par exemple, les cœurs et les déclarations d'amour, qui sont l'une des caractéristiques de son travail, sont depuis longtemps un trait prédominant du découpage aux ciseaux. Celui-ci est d'origine allemande et a été importé aux États-Unis à la fin du XVIIIe siècle, notamment par la communauté des Pennsylvanian Dutch. Créées par de jeunes hommes et offertes à leurs petites amies comme marques d'affection, les lettres d'amour intégraient cœurs et fleurs. Elles se distinguaient par une délicatesse qui évoquait celle de la dentelle et étaient embellies d'aquarelles peintes où figuraient des inscriptions sentimentales.

Parallèlement aux images qui invitent à la rêverie, le travail de Ryan inclut aussi des expressions pittoresques et sentimentales sur l'amour et le désir. Par exemple, une carte de vœux montre un couple assis sur une branche au milieu de la phrase « You were in my head but now you are in my heart stay there forever » (Vous étiez présente dans ma tête, mais maintenant vous l'êtes dans mon cœur ; puissiez-vous y rester pour toujours). Pour certains, Rob Ryan est autant un écrivain ou un poète qu'un artiste ou un illustrateur. À la question de savoir si ce sont les mots ou les images qui viennent en premier, Rob Ryan répond : « Je travaille principalement dans des carnets à croquis, d'où est issu mon travail. Parfois, ce sont les mots qui viennent en premier, parfois ce sont les images. Il n'y a pas de chemin prédéfini ». Rob Ryan a aussi publié un livre, *This Is for You*, qui raconte l'histoire d'un garçon solitaire ayant perdu sa place dans le monde et embarquant pour un voyage magique dans le monde du découpage, dans l'espoir de retrouver sa place.

Nombre d'œuvres de Ryan communiquent une impression de mélancolie, de perte et de solitude. C'est cette nostalgie, associée aux images fantasques, qui, d'une certaine façon, engendre ce sentiment d'un autre monde, comme dans le conte de fées. Alors que Rob Ryan est un coupeur de papier qui écrit, le célèbre auteur danois Hans Christian Andersen était réputé pour ses magnifiques découpages. Ses œuvres étaient principalement exécutées avec des ciseaux, le découpage étant effectué sur un papier blanc et fixé ensuite sur un fond noir. Il s'agissait la plupart de temps de cadeaux en remerciement de l'hospitalité offerte ; ils étaient réalisés très vite et en public, à l'occasion d'une soirée. Si certains

découpages étaient de simples figures ne nécessitant que quelques secondes, d'autres étaient des œuvres plus élaborées obtenues par pliage et par découpage successifs, donnant naissance à des symétries toujours plus complexes.

À bien des égards, le découpage s'apparente à la sculpture ; c'est ce que l'on retire qui compose l'image. Peut-être vous demandez-vous ce qui se passe en cas d'erreur : faut-il tout reprendre à zéro ? « Non, répond Ryan. Si vous commettez des erreurs, elles sont généralement minimes et peuvent être corrigées. Il est facile de couper du papier et de le colorier. J'utilise un papier de garde 80 g. Pour couper, j'utilise les lames Swann-Morton 10A et le manche numéro 3. » Ryan crée ses dessins au crayon, découpe chaque minuscule détail de l'illustration avec un scalpel et vaporise la couleur par-dessus. Ryan est aidé dans son travail par un assistant. « Il suffit de retirer, dit-il. Tout étant découpé à partir d'une seule feuille de papier, il s'ensuit une forme de motif décoratif. Une fois que vous avez relié les arbres et les feuilles, le reste se développe de lui-même. »

Rob Ryan reçoit commande de ses œuvres complexes non seulement pour illustrer des livres, des pochettes de disque et des articles de magazine, mais aussi des tissus, des mosaïques ou même des verres aux formes étranges. Ses produits connaissent un tel succès que Rob Ryan a ouvert sa propre boutique, où il vend ces divers articles, ainsi que ses découpages originaux.

Ryan a acquis sa notoriété sans même avoir d'agent et simplement grâce au bouche à oreille. De nombreux graphistes ont eu envie de collaborer avec lui : le créateur d'accessoires Tatty Devine a ainsi travaillé avec Rob Ryan sur une ligne de bijoux et le créateur de mode

Paul Smith a exposé l'une de ses œuvres dans son magasin de Milan. Ryan a même créé une robe en papier pour Vogue. Difficile d'obtenir consécration plus tendance que cela !

La popularité des images découpées connaîtra des hauts et des bas, mais à n'en pas douter, ce style de création constituera toujours un enchantement pour de nombreuses personnes. Après tout, l'art artisanal séduit et traverse les frontières depuis des siècles. Son charme est universel.

Création : **Allies**

Projet : **Carte de changement d'adresse**

Quand une agence graphique emménage dans de nouveaux locaux, il est rare que la carte signalant le changement d'adresse se présente de façon classique. La notification du déménagement s'accompagne souvent d'une présentation qui illustre l'esprit créatif de l'agence. Rares sont celles et ceux qui ont une passion démesurée pour les messages publicitaires, mais, dans le cas présent, tout excès est pardonnable ! Quand l'agence Allies (anciennement Ally) a changé de studio, elle a adressé la carte ci-dessous, qui fonctionne comme un folioscope (ou *flip book*) et qui a été conçue au moyen d'une découpe à l'emporte-pièce. Elle procure l'impression de se déplacer au travers d'un espace en 3D, obtenu par la séduisante association d'illustrations et de découpes selon différents angles, formes et tailles. La blancheur et la simplicité des lignes suggèrent simplement les formes, comme le bol à la japonaise… l'ensemble est très stylisé et élaboré. Presque zen, pourrait-on dire. Au fur et à mesure que vous tournez les pages, vous pouvez presque imaginer une paire de pieds nus avançant à pas feutrés, précédés par la queue d'un chat birman au poil lisse et brillant… « *Nous tenions à donner la sensation de la taille et de l'aspect labyrinthique de nos nouveaux locaux* », déclare la graphiste Susanna Cook.
Une très belle carte… Peut-être l'agence Allies devrait-elle déménager plus souvent.

Création : **KesselsKramer**
Client : **ONVZ**
Projet : **Rapport annuel**

Dans le rapport annuel conçu par KesselsKramer pour ONVZ Health Insurance figurent les statistiques, les chiffres et toutes les informations classiques sur les résultats de l'entreprise ; en revanche, si vous ouvrez les double-pages pré-perforées, vous vous retrouvez face à des photos sur papier brillant qui évoquent la vie d'un certain Dirk Spits. S'agit-il d'un employé ? Rien de moins sûr, mais, en aucun cas il ne peut s'agir du chef de la direction, car les photos ne sont guère glamour... Elles représentent un homme chevelu et au teint rouge, qui aurait besoin d'une petite coupe et de faire un peu de gymnastique. L'individu, photographié par Bertien van Manen, est montré en train de dormir, de se raser, de se doucher, de manger du pain, de déguster un plat ou de se moucher.

Même si Dirk est vêtu d'un polo de cricket, de chaussettes Umbro et d'un survêtement, et qu'on le voit s'extirper d'une piscine, il ne semble pas jouir d'une santé resplendissante. Il s'agit là d'une représentation quelque peu insolite de la santé pour une entreprise spécialisée dans l'assurance-maladie. Cependant, un tel choix est caractéristique de KesselsKramer, dont l'humour s'accommode fort bien d'un certain sens de l'ironie et de la provocation.

ROSSANA TICH PR
43 CHARLOTTE RO
LONDON EC2A 3PD
TEL: +44 [0] 20 7729 7
FAX: +44 [0] 20 7729 5
Rossana Tich has moved.
New address as of 18/10/99
please peel off the pink
sticker and amend
your records.
designed by Multistorey

Création : **Multistorey**
Client : **Rosanna Tich PR/Multistorey**
Projet : **Cartes de changement d'adresse**

Changer de locaux pendant la période de Noël paraît être le meilleur moyen de faire grimper en flèche sa tension artérielle ! Heureusement, l'agence Multistorey a réussi à ce que cette transition se passe en douceur pour le cabinet de conseil Rosanna Tich en regroupant au sein d'une même carte le changement d'adresse et les vœux de joyeux Noël (en bas à droite). La carte, de grande taille, est perforée au centre des deux feuilles de façon à extraire une carte plus petite partageant la même pliure. La carte de Noël elle-même est illustrée par des sapins, tandis que celle annonçant le changement d'adresse représente des fourgonnettes de déménagement. La combinaison des arbres et des camions peut, au premier abord, vous induire en erreur et laisser croire que la carte reçue est celle d'une entreprise de bois... Il suffit d'ouvrir la carte pour comprendre : à l'intérieur de la petite carte figurent les coordonnées de la nouvelle adresse. Une fois Noël passé, vous pouvez détacher la petite carte et la conserver. Ce concept n'est pas seulement une solution séduisante visuellement, mais elle est aussi intelligente de par son efficacité – économie de papier, de timbres, de temps et de coût. Heureusement pour Multistorey, Rosanna Tich a déménagé deux années de suite et a fait appel à l'agence graphique en chaque occasion. La carte liée au second déménagement (en dehors de la période de Noël) ne recourait pas au principe de la perforation, mais à celui de l'autocollant (page opposée). L'agence a adressé une feuille de papier reproduisant la photo couleur d'un plateau mobile permettant de stocker les cartes de visite. Le plateau est ouvert sur une carte mentionnant la nouvelle adresse de Tich. En réalité, la carte est un autocollant qui peut être enlevé et collé par-dessus l'ancienne carte de visite. Pour son propre changement d'adresse, Multistorey a également utilisé le thème du plateau mobile (en haut à droite). La forme de la nouvelle carte de visite est telle qu'il suffit de la pousser et de l'ajouter au plateau mobile. Les trois solutions évoquées sont subtiles et séduisantes, et permettent une manipulation aisée.

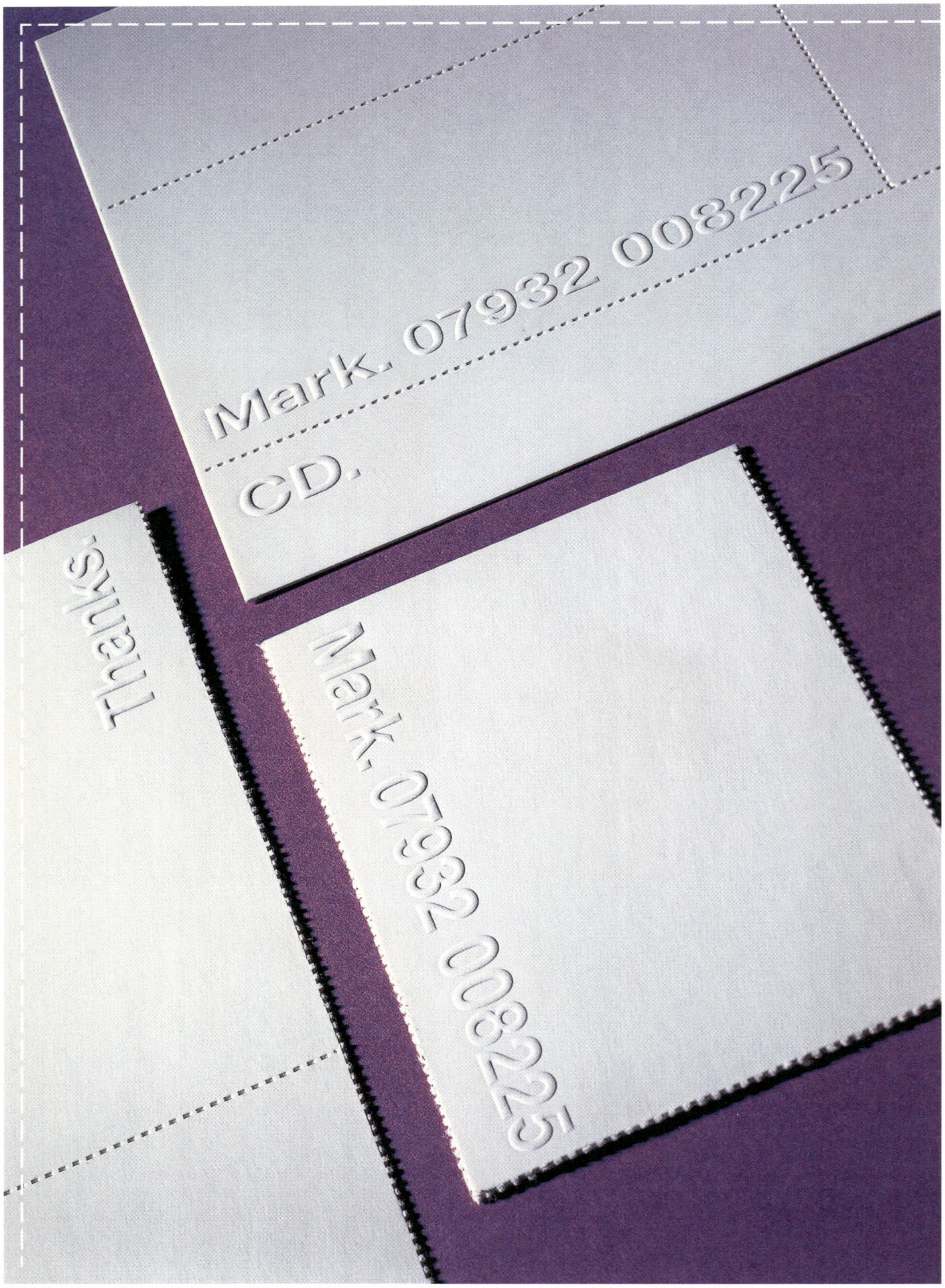

Création : **Rodney Fitch**
Client : **Mark Harper**
Projet : **Fournitures de bureau**

Grâce au principe de la perforation, cette carte peut être utilisée comme carte de visite, carte de remerciements ou pochette de CD. Dans les deux derniers cas, le destinataire peut détacher la partie carte de visite pour la conserver. Les informations sont transmises *via* le procédé du gaufrage, créant ainsi un effet blanc sur blanc particulièrement stylisé.

Création : **hat-trick**
Projet : **Cartes de visite**

L'agence graphique hat-trick est dirigée par trois associés. Leurs trois cartes de visite sont liées par des plis perforés et peuvent être repliées en une seule et même carte. L'emploi d'un papier plus léger signifie qu'une fois plié en accordéon, il n'est pas plus épais qu'une carte traditionnelle. La réunion des trois cartes implique que les clients peuvent contacter chacun des associés et que les associés eux-mêmes bénéficient d'un accès égal aux clients. Dans le cas présent, aucun membre du trio ne peut être accusé de favoritisme ; cependant, si le client le désire, il peut séparer les cartes et ne conserver que celle de son choix.

Création : **Frost**
Client : **Photonica**
Projet : **Brochure**

Le découpage par effleurement est un processus qui permet de contrôler une règle de découpage ou un laser avec une précision telle qu'il pénètre le matériau sans couper au travers. Les libellés d'affiche peuvent constituer un bon exemple de découpage par effleurement : les contours de l'intitulé sont découpés sans toucher au support lui-même. Dans le cas présent, le découpage par effleurement pénètre la surface du carton et crée un effet décoratif (ici, les contours du logo Photonica).

Création : **Frost**
Client : **Nike**
Projet : **Invitation**

Nike (Royaume-Uni) a invité de jeunes réalisateurs à écrire un court-métrage offrant un regard nouveau sur le sport. Les trois finalistes se voyaient remettre la somme de 7 000 £ pour tourner ensuite un film de trois minutes. Pour les invitations à la cérémonie des Nike Young Directors Awards, l'agence graphique Frost s'est inspirée du langage visuel du cinéma. La bande perforée qui doit être détachée pour pouvoir accéder aux informations à l'intérieur est placée de telle sorte que la pochette ressemble à un clap de tournage.

Création : **Origin**
Client : **National Centre for Business & Sustainability**
Projet : **Brochure**

Cette brochure est exclusivement composée de papier recyclé et de carton sans chlore ; elle a été réalisée sans encre et imprimée en creux. Cette création, primée, a été conçue par Origin pour le National Centre for Business & Sustainability, cabinet-conseil créé par The Co-Operative Bank qui aide les entreprises à améliorer l'impact de leur activité sur l'environnement et la société. Selon Paul Hartley de l'agence Origin, la brochure « *communique parfaitement les valeurs stratégiques de NCBS et constitue une opportunité pour le client de « mettre en pratique ses idées ». Cette création constitue un parfait exemple de notre approche innovante et reflète exactement les talents d'Origin.* »

Création : **William Hall**
Client : **We Not I**
Projet : **Fournitures de bureau**

Le cabinet d'architectes We Not I s'inscrit contre la mode de la célébrité en privilégiant l'anonymat et en opérant de façon « virtuelle ». Chaque employé du cabinet, y compris les directeurs, a choisi de demeurer totalement anonyme ; le bureau de Londres ne contient qu'un serveur à la pointe de la technologie et une connexion Internet, à partir de laquelle les architectes répartis à travers le monde téléchargent leurs fichiers de travail. Quand il a été demandé à William Hall de concevoir l'identité et les fournitures de bureau du cabinet, le désir d'anonymat rendait impossibles les cartes de visite traditionnelles. La solution a consisté à créer des fournitures dépourvues de la moindre impression. À la place, William Hall a imaginé des carnets, avec le logo perforé au centre d'une page de la taille d'une carte de visite. Si nécessaire, les architectes peuvent ajouter les coordonnées de leurs contacts à la main. William Hall s'explique : « *Comme la perforation déclasse le papier, en quelque sorte, plus qu'elle ne le supprime (comme cela aurait été le cas si nous avions choisi la découpe au laser ou la découpe à l'emporte-pièce), notre création est devenue une solution architectonique, qui revendique un espace et incite à l'interaction par le toucher. Elle possède aussi une qualité visuelle attrayante, car les vides permettent à la lumière de filtrer au travers.* »

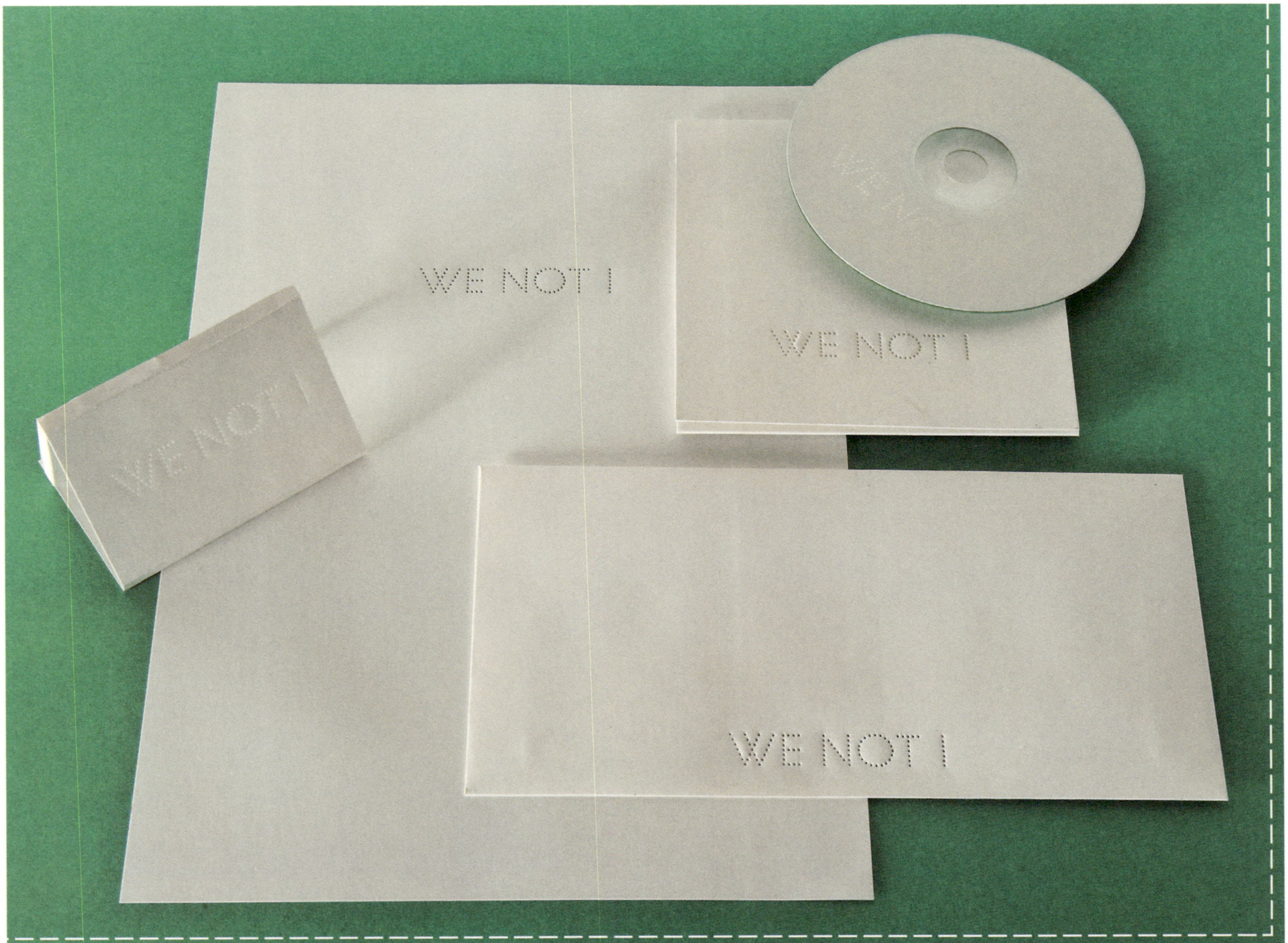

Création : **Airside**
Client : **Another Late Night**
Projet : **Sous-bocks**

Another Late Night est un ensemble d'albums de compilation, chacun réalisé par un producteur différent, tel que Groove Armada, Howie B, Rae and Christian, et Zero 7. L'agence Airside a été ainsi chargée de concevoir un ensemble de pochettes de CD, ainsi que des sous-bocks, des affiches et des publicités. Pour les images, l'agence a cherché à refléter ce moment insolite où nous rentrons si tard à notre domicile que le soleil commence à se lever et que nos contemporains s'apprêtent à vaquer à leurs occupations quotidiennes. Chaque couverture d'album propose un personnage différent – jeune femme promenant son chien, jogger, gardien de parc et laitier, tandis que, réunies, les pochettes composent la vue panoramique d'un parc à l'aube. Les quatre personnages sont représentés lors de leur trajet dans le parc. Chacun des sous-bocks aux couleurs vives a été estampé avec la silhouette de l'un des personnages. Si la silhouette est laissée en place, la forme prévue s'apparente à un simple dessin au trait.

Création : **Sagmeister Inc.**
Client : **Anni Kuan**
Projet : **Carte de visite**

Anni Kuan est une créatrice de mode d'origine asiatique, installée à New York. Sur sa carte de visite conçue par Stefan Sagmeister et Hjalti Karlsson, différents éléments abstraits s'assemblent pour former le logo caractéristique d'Anni Kuan.

Création : **Rodney Fitch**
Client : **Smiths of Smithfield**
Projet : **Invitation**

Clerkenwell est l'un des quartiers les plus branchés de Londres où il fait bon vivre, travailler et se distraire. Pendant la journée, le quartier foisonne de jeunes graphistes et publicitaires, tandis que le soir affluent, comme aimantés, les amateurs de restaurants et de discothèques. Cependant, les heures réellement intéressantes se situent juste avant l'aube, lorsque les splendides halles victoriennes qui abritent le marché Smithfield retentissent de l'animation engendrée par les hommes aux filets à cheveux blancs et aux tabliers tachés de sang, transportant les lourdes carcasses de viande. Le restaurant Smiths of Smithfield, très à la mode, donne sur le marché. Son chef réputé, John Torode, a demandé à l'agence graphique Rodney Fitch de créer pour le restaurant une identité qui s'accorde à l'histoire et l'environnement du quartier, d'où le thème de la... vache. Ce thème se retrouve sur les menus, les emballages, les invitations, les articles publicitaires et le fléchage. Cette invitation au deuxième anniversaire du restaurant s'appuie sur une peau de vache découpée à l'emporte-pièce et qui révèle l'information SOS 2. L'invitation glisse alors vers l'extérieur et vous convie de façon officielle à la fête. Le papier lui-même de la pochette – *Curious Touch Whipped Cream* (Robert Horne) – n'est pas sans rappeler le cuir.

Création : **Yorgo Tloupas**

Client : **Eurostar**

Projet : **Packaging promotionnel**

Le tunnel sous la Manche a ouvert tout un monde d'opportunités pour les fêtards de Paris et de Londres. L'Eurostar, qui relie les deux villes, constitue une excellente solution pour ceux qui ont assez d'énergie pour quitter l'une des deux capitales le samedi soir, passer la nuit dans l'autre ville, et rentrer à leur domicile dans la matinée du dimanche. Pour assurer la publicité d'une telle offre, cet emballage, composé d'un CD et d'une brochure, a été adressé à de jeunes parisiens. Le CD et la brochure étaient glissés dans une sorte d'étui, conçu par Yorgo Tloupas et découpé à l'emporte-pièce afin d'évoquer les bus rouges londoniens à deux étages. À travers les vitres apparaît un paysage panoramique de Londres, la nuit. Le CD contient quelques nouveaux tubes musicaux, tandis que la brochure offre un guide sur les différents quartiers, clubs, pubs et restaurants bon marché ; elle comporte aussi quelques commentaires des DJ les plus réputés sur leurs lieux favoris de la capitale anglaise. L'ensemble est attrayant et bien réalisé. Contrairement à nombre d'objets publicitaires, il mérite d'être conservé et de prendre place sur les rayons CD !

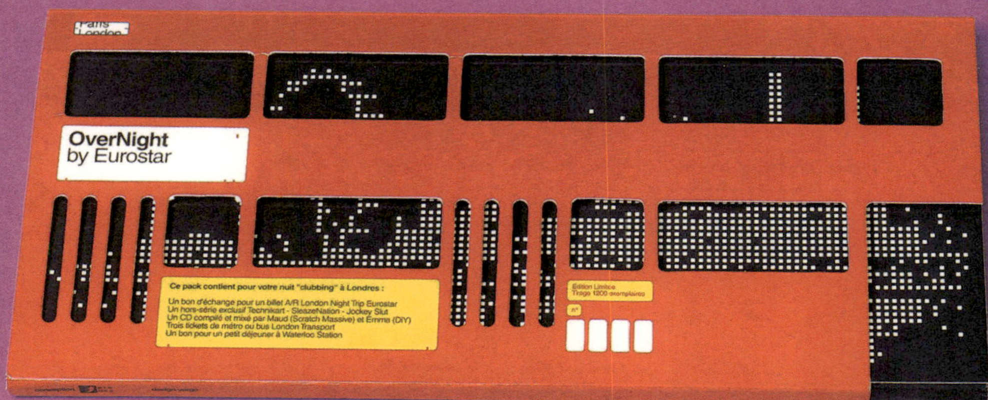

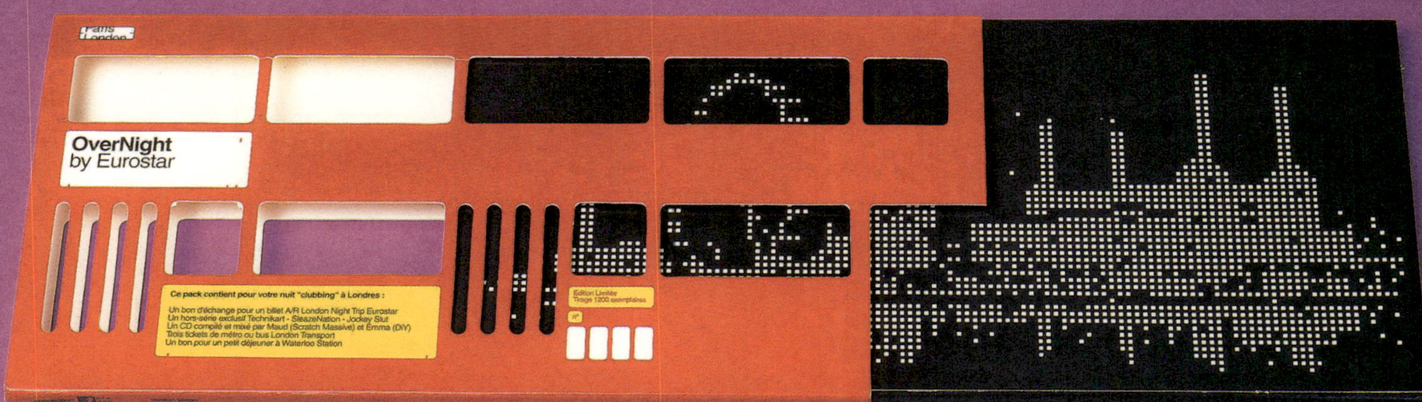

Création : **Yorgo Tloupas**
Client : **Shu Uemura**
Projet : **Dossier de communiqués de presse**

Les découpes ovales concentriques de ce magnifique dossier soulignent parfaitement la qualité des ongles et des vernis que propose la société de cosmétiques Nail Shop de Shu Uemura. « *Il s'agit également d'une référence à la façon dont les jardins zen japonais sont composés (gravier impeccablement damé) et aux modèles architecturaux* » déclare le concepteur Yorgo Tloupas. « *La subtilité, l'excellence et la qualité de la marque représentaient aussi une part importante de notre mission, au même titre que l'héritage japonais. Comme le découpage et le pliage du papier constituent une tradition séculaire au Japon, notre projet s'accordait parfaitement à celle-ci.* »

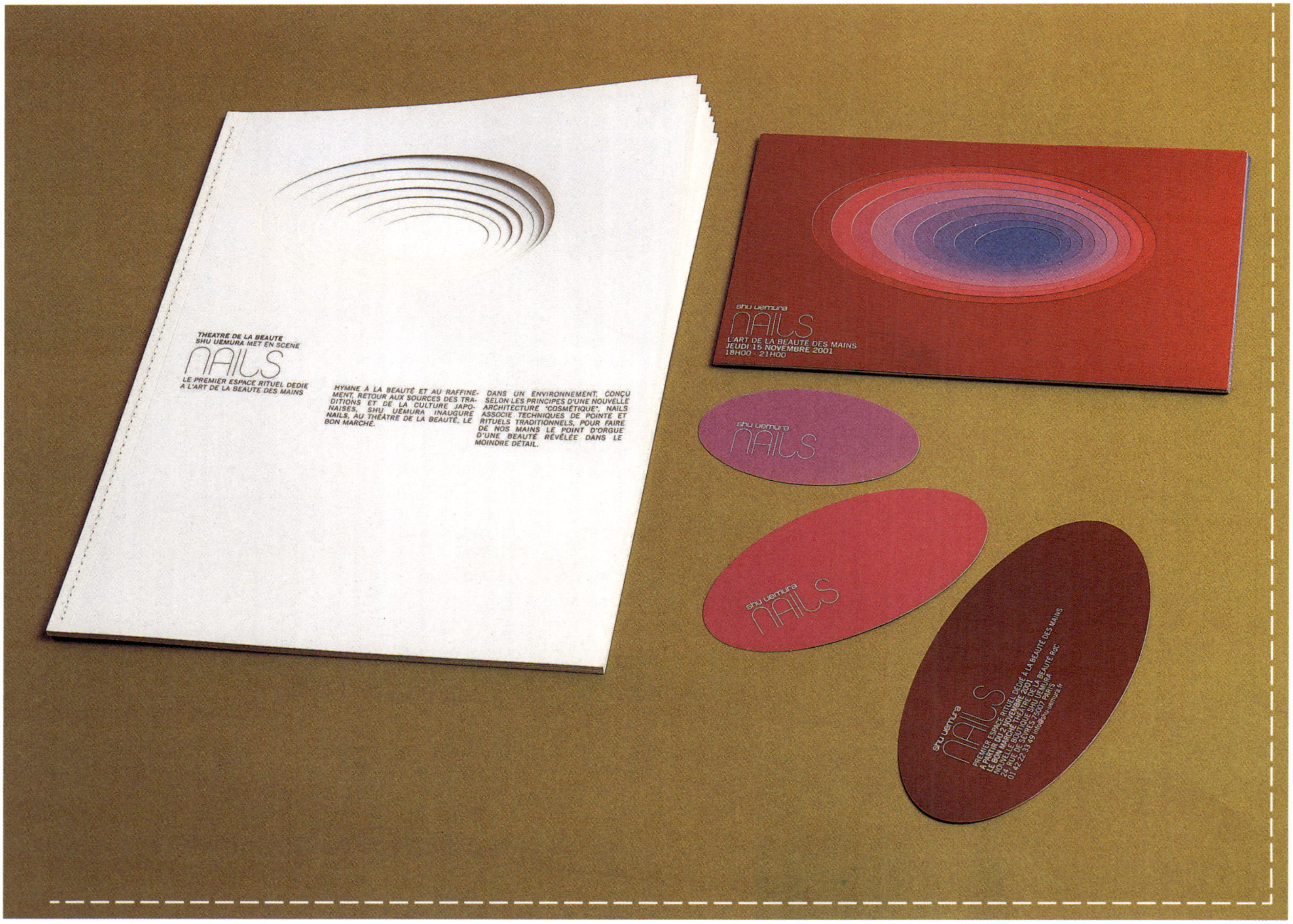

Création : **hat-trick**
Client : **Newslink**
Projet : **Réclames**

Les médias sont souvent accusés de mélanger les messages et de jeter le trouble dans nos têtes. En voici la preuve, justement. La société Newslink, gérée par Capital Radio Advertising, devait informer les acheteurs-média de la possibilité d'insérer des publicités pendant la diffusion des bulletins radiophoniques d'informations. Newslink prétend que, d'après les recherches effectuées, les auditeurs sont plus réceptifs pendant la diffusion des informations (dans la mesure où ils écoutent les nouvelles avec plus d'attention). L'idée sous-jacente à ce courrier postal était de démontrer la prolifération des médias au travers du découpage. Les pièces découpées, telles que le trou de serrure et la porte, sont utilisées comme métaphores pour faire passer le message de Newslink et pour illustrer le passage du message de l'annonceur. Le taux de réponse de 6 % est le meilleur jamais obtenu par Capital Radio via un courrier postal direct.

Création : **Bisqit**
Client : **Adidas**
Projet : **Dossier de presse**

Révolue est l'époque où un dossier de presse se composait de quelques photocopies agrafées et, dans le meilleur des cas, glissées dans un dossier ou un étui provenant directement du placard aux fournitures. De nos jours, outre le fait d'être généreusement invités à des réceptions où le champagne coule à flots, les journalistes de mode et autres biens de consommation bénéficient d'informations imprimées, conçues et présentées avec luxe et imagination. Cette création avait pour but de contenir le dossier de presse d'une nouvelle chaussure de football Adidas – *Predator Precision* – à laquelle le champion David Beckham fut associé, non sans avoir reçu au passage plusieurs millions... Une caractéristique essentielle de la chaussure réside dans ses éléments en caoutchouc « *stratégiquement placés pour améliorer le contrôle, les déviations et la puissance* ». Le dossier, conçu par Bisqit, met en évidence ces qualités grâce à la découpe à l'emporte-pièce aux emplacements réservés aux crampons.

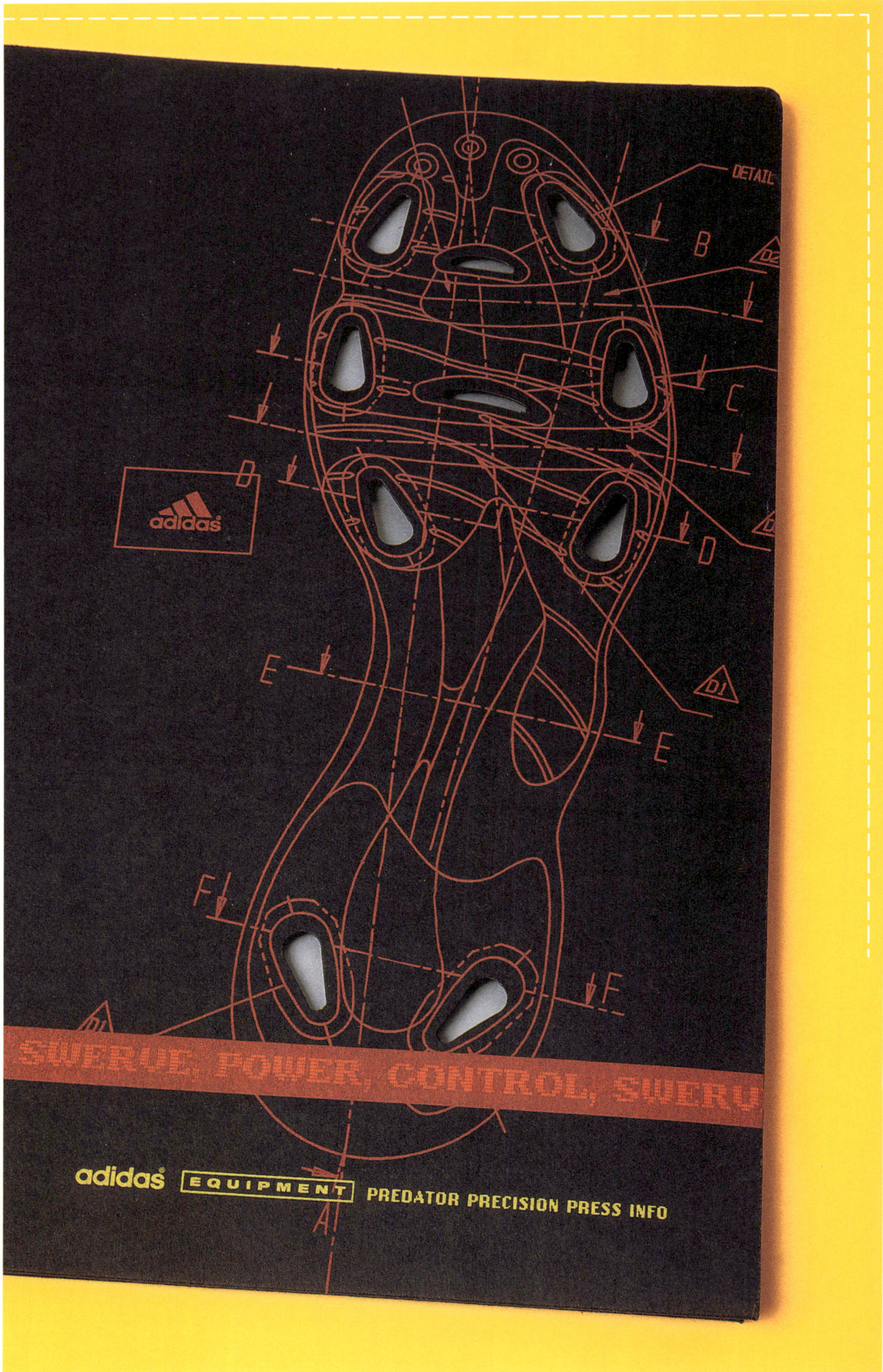

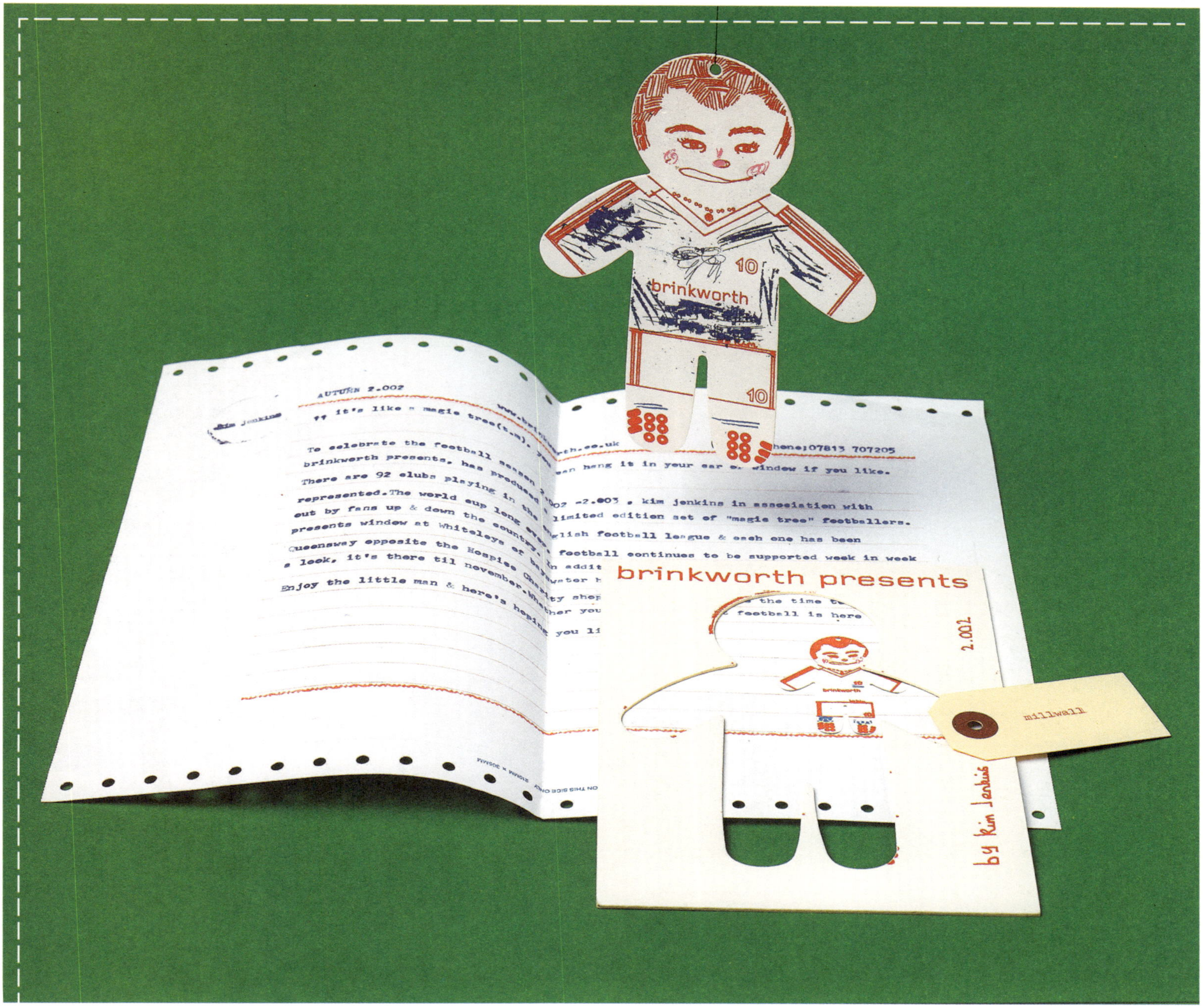

Création : **Kim Jenkins**
Client : **Brinkworth Presents**
Projet : **Installation artistique**

Pour célébrer la saison de football 2002–2003, Brinkworth, une agence d'architecture et d'aménagement intérieur, a demandé à Kim Jenkins de produire un ensemble à tirage limité de « joueurs » que l'on pourrait, par exemple, accrocher au rétroviseur arrière des voitures. L'ensemble du championnat anglais compte 92 clubs et chacun d'eux était représenté par l'un de ces pendentifs. Les créations furent ensuite adressées à 92 personnes. En plus du joueur de football, Kim Jenkins a créé une installation artistique dans la vitrine de Brinkworth au cœur d'un centre commercial. Ce n'était pas un événement exceptionnel pour Brinkworth qui, régulièrement, abrite des installations artistiques dans cette vitrine.

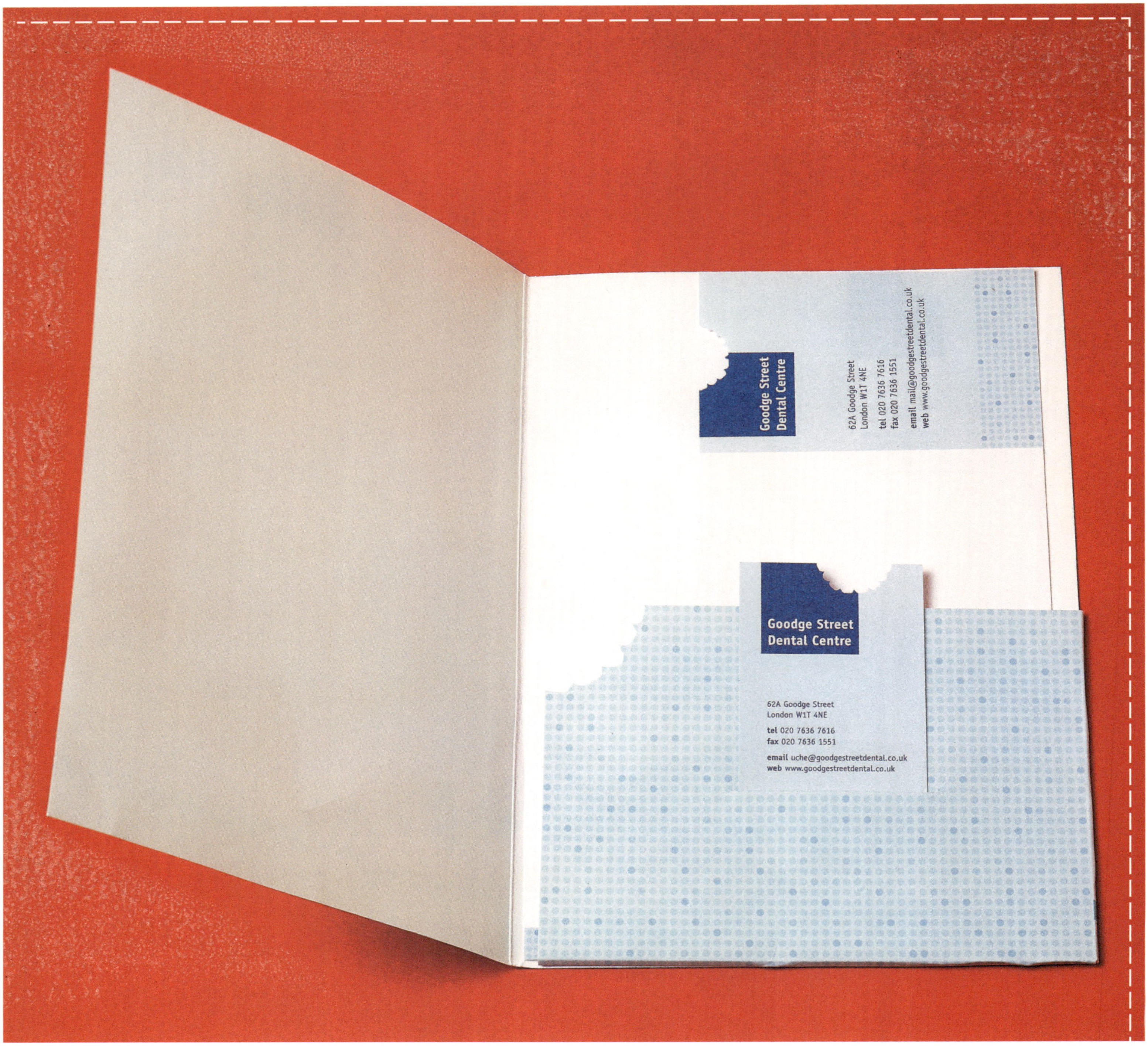

Création : **Etu Odi**
Client : **Goodge Street Dental Centre**
Projet : **Fournitures de bureau**

Le coin de chaque élément de papeterie de Goodge Street Dental Centre (Londres) a été découpé à l'emporte-pièce avec des marques de morsure. Il est rare de trouver un cabinet dentaire qui voit l'intérêt d'une création graphique, mais tel fut le cas cette fois-là. Etu Odi a été choisi non seulement pour concevoir les éléments de papeterie du cabinet, mais également pour créer un site web attrayant. Etu Odi explique : *« GSDC est un cabinet dentaire privé situé dans le quartier de Soho, en plein cœur de Londres. Son offre s'adresse directement à une clientèle de graphistes et se décline en un ensemble de services bien plus étendus que ceux que vous pourriez attendre d'un cabinet dentaire traditionnel. »*

Création : **hat-trick**
Client : **Fairbridge**
Projet : **Rapport annuel**

Nul besoin de posséder un savoir-faire très technique pour créer la couverture simple, mais très efficace, de ce rapport annuel. Neuf mille couvertures ont été simplement déchirées pour créer une image qui fonctionne comme métaphore de vies écartelées. Travaillant avec des jeunes gens âgés de 12 à 24 ans et issus de quelques-unes des régions les plus défavorisées du pays, *Fairbridge* est une organisation qui remet sur les rails l'existence de ces jeunes en en modifiant les attentes et en en corrigeant les lacunes. À l'intérieur du rapport annuel, l'analogie du ruban adhésif permet d'illustrer de quelle façon Fairbridge aide les personnes en difficulté à s'en sortir. Une série de photos et d'images a été déchirée, puis recollée à l'aide d'un ruban adhésif. Ces images témoignent aussi de la façon dont Fairbridge collabore avec les autres agences gouvernementales. Pour créer un tel effet, hat-trick a dû procéder à différents tests et recherché un papier non couché qui accepterait le vernis UV sélectif pour le ruban adhésif. L'agence a utilisé le papier Command Matt de McNaughton et l'impression a été réalisée par Boss Print.

Création : **Sagmeister Inc.**
Projet : **Livre**

Stefan Sagmeister est réputé pour être à lui seul un spectacle ambulant. Il a déjà gravé des mots sur son corps avec une lame de rasoir, a consommé de la nourriture industrielle représentant deux fois son poids et s'est amusé à tracer des mots en urinant à Wall Street. La couverture de son livre, *Things I Have Learned In My Life So Far*, ne constitue en rien une exception. L'ouvrage se compose de 15 pamphlets au sein d'un étui représentant le visage de Sagmeister couvert d'un dédale d'espaces découpés à l'emporte-pièce. Si vous n'êtes pas passionné par les boutons d'acné que les espaces laissent deviner sur le premier pamphlet, vous pouvez en choisir un autre afin de vous offrir une expérience graphique plus agréable. Chaque pamphlet documente des expériences typographiques à l'aide de maximes simples, extraites d'un journal que l'artiste a tenu pendant une année sabbatique. *Worrying solves nothing* est écrit en cintres pour habits noir et blanc et *Keeping a diary supports personal development* a été créé à partir d'un échafaudage de bambou. Toutes ces expériences typographiques ont été photographiées dans des décors situés en dehors de la galerie d'art ou de la page imprimée traditionnelle.

THINGS I HAVE LEARNED IN MY LIFE
SO FAR

STEFAN SAGMEISTER

Création : **Stefan Sagmeister**

Projet : **Installation dans une galerie**

En complément du livre du graphiste Stefan Sagmeister, *Things I Have Learned in My Life So Far* (voir page précédente), était organisée une exposition multimédia au Deitch Projects, dans le quartier SoHo de Manhattan. Le titre de l'exposition figurait sur un mur de cahiers ouverts. Au plafond, près des cahiers, étaient suspendus des crayons qui invitaient les visiteurs à écrire ce que la vie leur avait appris.

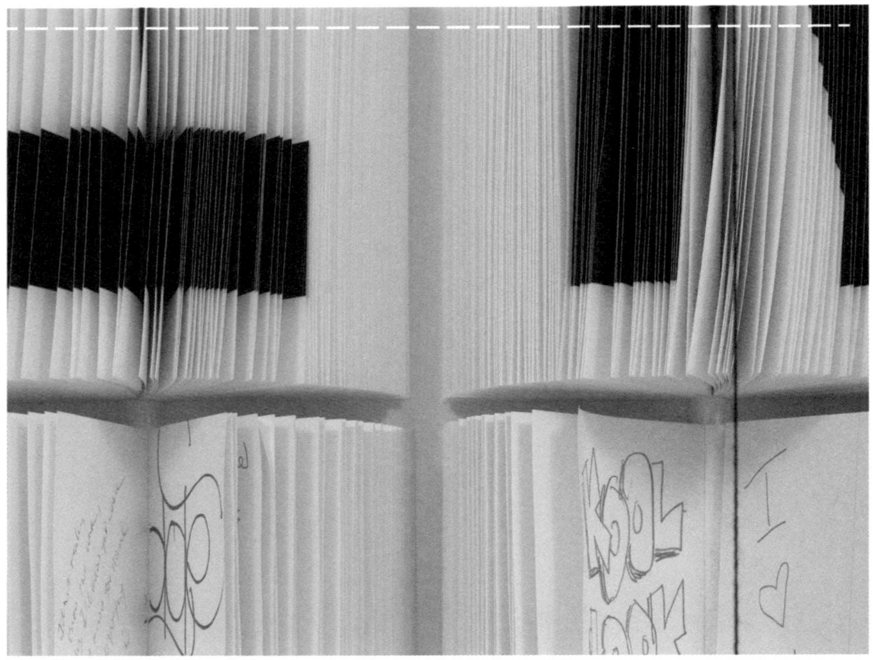

STEFAN
SAGMEISTER
THINGS
I HAVE LEARNE
IN MY LIFE SO

Création : **Mark Diaper and Will de L'Ecluse, UNA**
Client : **F. van Lanschot Bankiers**
Projet : **Rapport annuel**

« Pour cette banque luxembourgeoise, l'idée de stabilité est essentielle : toute modification est pour ses clients et investisseurs source d'inquiétude » explique le graphiste Mark Diaper. *« Quand la banque a changé de locaux, elle voulait affirmer clairement qu'il n'y aurait pas d'autres modifications. La couverture de son rapport annuel montre qu'elle est toujours au même endroit dans l'univers, toujours sur la planète Terre, toujours au Luxembourg, mais quand vous ouvrez le rapport, les deux découpes illustrent le changement d'adresse. Le reste du rapport expose les faits et les chiffres de façon très simple sans illustration ou utilisation de la couleur – comme on peut l'attendre d'un établissement financier dont l'un des mots-clés est clarté. Cependant, la couverture confère au rapport une dimension créative et transmet un message de manière drôle et intelligente. Ce qui n'aurait été qu'un rapport ennuyeux s'est trouvé transformé grâce à l'humour qui transparaît au travers des plis et des découpes. »*

Création : **Trickett & Webb**
Client : **Royal Mail**
Projet : **Menus/cadeaux**

Chaque année, la société *Royal Mail* (Royaume-Uni) organise un déjeuner de Noël pour son comité consultatif, qui se compose de 20 personnes, aux origines professionnelles diverses (graphistes, médecins et vedettes des médias, entre autres). Ci-dessous figurent trois séries de menus/cadeaux remis lors du déjeuner, et conçus par *Trickett & Webb*. Les menus incluent en permanence un ensemble de timbres, souvent sur le thème de Noël. Produits en édition limitée (50 exemplaires), ils deviennent inévitablement des articles de collection. « *Lickety Stick reposait sur les timbres jouets illustrés par Dan Fern* » explique Lynn Trickett. « *Nous avons créé un minuscule « livre de bord » selon un scénario écrit par Neil Mattingley. Comme le tirage n'était que de 50 exemplaires, nous avons pu couper les pages manuellement, alors que les cutters auraient représenté un coût prohibitif. La carte météo (en haut, à droite et à gauche) était basée sur les timbres « Snow » d'Andrew Davidson. Les timbres montraient des enfants en train de jouer dans la neige et, par conséquent, nous avons continué à suivre le thème de la neige en « enterrant » les timbres sous des congères obtenues par gaufrage. Le minuscule ouvrage était enveloppé dans une carte météo pliée de façon élaborée, et qui faisait aussi office de menu. L'année où nous avons conçu les arbres de Noël (en bas à droite), les timbres étaient illustrés par Laura Stoddart et le thème choisi était celui des arbres, en relation avec l'histoire de Noël. Nous avons conçu un ouvrage où chaque feuille représentait littéralement une feuille d'arbre.* » Nous avons utilisé la découpe au laser pour les formes, car il aurait été impossible d'obtenir une telle complexité avec les découpes traditionnelles. Le papier était un papier aquarelle spécialement traité, qui acceptait l'impression d'encres. En tout, Trickett & Webb a créé neuf de ces cadeaux particuliers pour Royal Mail.

どこまでも かぜはふく
ガーガー ガーガー

Création : **Katsumi Komagata**

Projet : **Livres illustrés pour enfants**

Le graphiste japonais Katsumi Komagata a commencé à créer ces magnifiques livres pour enfants après la naissance de sa fille. Inspiré par l'observation du développement de son enfant, il a créé des jeux de cartes dont la couleur et la forme changent selon la façon dont l'enfant plie et déplie les pages, et qui permettent de regarder au travers grâce à la présence d'espaces découpés. Komagata a ensuite continué à créer des livres de conte tels que ceux illustrés ici – *Blue on Blue* et *Sound Carried by the Wind* – qui conduisent le lecteur dans un univers 3D au moyen d'un large éventail de couleurs, de textures et de formes découpées. Deux pages ne se ressembleront jamais en rien. Les livres stimulent la curiosité et favorisent l'interaction entre les parents et les enfants. Le seul problème est que ces livres sont si charmants que vous n'osez pas laisser vos enfants y poser leurs doigts ! Komagata, après avoir passé cinq ans comme graphiste à New York, où il fut primé, dirige désormais sa propre agence graphique, One Stroke, au Japon.

Création : **Gardner Design**
Client : **Aspen Traders**
Projet : **Cartes de fêtes**

L'agence Gardner Design crée des cartes de fêtes pour Aspen Traders depuis 15 ans. Aspen Traders est un magasin de vêtements pour femmes, spécialisé également dans les bijoux, présent à travers le monde. Chaque année, Aspen Traders informe l'agence Gardner des tendances en vogue. L'équipe graphique s'en inspire alors pour créer les cartes. Bill Gardner explique : « *Nous savons à peu près ce qui fait réagir notre client et ses propres clients. Figurer sur le fichier clientèle de Noël d'Aspen Traders est devenu une sorte de symbole. Il n'y a aucun doute qu'une œuvre pliée à plusieurs dimensions vit plus longtemps qu'une œuvre plate. Ces créations deviennent de petits trésors. Chaque mois ou presque, j'apprends qu'une personne a recueilli les différentes cartes et les a assemblées chez elle. Vous ne pouvez pas acheter ce type de publicité.* » La fabrication de cartes en trois dimensions obéit à plusieurs paramètres. Les cartes doivent pouvoir se plier et se glisser dans un format d'enveloppe postale classique. Quand la carte est ouverte, elle ne doit nécessiter aucun assemblage et pouvoir se tenir droite afin d'être exposée. Gardner ajoute : « *Chaque année, nous nous lançons le défi de tenter quelque chose d'un peu différent. Certaines cartes sont devenues d'une réelle complexité au point que les personnes chargées du pliage n'ont pas été loin d'être elles-mêmes découragées !* » Gardner a toujours eu une fascination pour le pliage : « *Lorsque j'ai entre les mains un exemple de carte, je me livre à quelques découpes pour voir si je peux parvenir au même résultat. Au fil des ans, j'ai énormément appris sur le pliage du papier et je peux désormais m'attabler avec du papier, un couteau, des outils pour marquer les pliures, du ruban adhésif et des règles, et me mettre au travail. Maintenant, j'en suis au point où je peux me représenter visuellement un pliage, m'asseoir face à mon ordinateur et commencer à l'ébaucher sur l'écran.* » Une grande part de la création de la surface est assurée par Brian Miller, vice-président de la compagnie et directeur artistique. « *Il possède une étonnante capacité à prendre une création graphique en 3D et à y intégrer une magnifique surface directement reliée à la forme et au thème de la pièce* » explique Gardner. « *Concevoir un plan pour une pièce qui existera en 3D représente un défi stimulant.* »

Aspen Traders
Pax in Terra

Admirals' Ball
Jazz

Aspen Traders
Kate Mix. Judy Davis.
Nanda Jones. Nancy Shawver.
Rhonda Osborne. Natalie Angeron.
Leigh Brady. Cindy Rinck.
Monica & James Smits

Création : **hat-trick**
Client : **Rabih Hage**
Projet : **Articles publicitaires**

Rabih Hage est une entreprise d'agencement intérieur spécialisée dans le mobilier et le graphisme. Elle découvre également des artistes et des graphistes contemporains, et représente leurs intérêts en faisant appel à leurs services ou en exposant leurs œuvres. Rabih Hage a demandé à l'agence hat-trick de concevoir une nouvelle identité pour l'entreprise, qui refléterait la nature exacte de son activité et établirait sa propre signature stylistique. « *Nous avons créé un emblème de marque à l'aide des initiales rh, la lettre r étant dissimulée dans la lettre h, qui est ensuite découverte* » explique Jim Sutherland, directeur de la création. « *L'emblème évoque aussi les thèmes de la lumière, de l'espace et des trois dimensions.* » L'invitation à l'inauguration des nouveaux locaux utilise les plis et les découpes, et s'ouvre sous la forme d'une vitrine de magasin. Si vous regardez à travers le rectangle de découpe, vous pouvez voir des exemples de réalisations *via* les illustrations profilées. « *Nous avons choisi le papier Colorplan gris, car cette couleur reflète parfaitement les tons que privilégie Rabih* » explique Sutherland. Pour l'intérieur, nous avons utilisé un papier Chromolux tel que l'extérieur soit non couché et imprimé pour correspondre au papier Colorplan, tandis que les photos intérieures étaient imprimées sur papier brillant. Autre réalisation, les cartes à fente qui illustrent des œuvres d'artistes renommés ou récemment découverts, et soigneusement choisis par l'architecte Hage et la spécialiste d'art contemporain Annick Lashermes.

Création : **Agitprop**
Client : **Christian Blanken**
Projet : **Invitation**

La colombe a été créée à l'origine comme impression sur tissu pour les vêtements de la collection automne/hiver 2002 dessinée par Christian Blanken. Le créateur de mode a demandé à Jim Holt de l'agence graphique Agitprop de concevoir des concepts imprimés qui, après les attaques terroristes contre les États-Unis, faisaient référence à la paix plutôt qu'à la guerre. Le motif de la colombe a été proposé et Holt a développé deux versions sous forme d'un vol de colombes et d'une impression de camouflage composée de colombes. La structure de l'invitation au défilé de Blanken autour du thème de la colombe fut, selon Holt, une tentative de prolonger un budget minimal. « *Au lieu d'utiliser simplement une carte postale, qui était la tâche initiale, j'ai pensé qu'il serait préférable de créer quelque chose qui resterait un certain temps sur les bureaux au lieu de rejoindre le tas d'invitations hebdomadaires aux défilés* » explique-t-il. « *En limitant l'impression à une seule couleur, j'ai pu affecter une part suffisante du budget aux découpes et aux plis.* »

Création : **Bisqit**
Client : **Hill and Knowlton**
Projet : **Carte de Noël**

Les cartes de vœux ne doivent pas nécessairement se présenter sous forme d'un rectangle plié en deux. Il existe d'autres solutions pour créer une structure à partir d'un morceau de carton, sans utiliser de la colle, et qui puisse tenir droit sans risquer de tomber du bureau ou de l'étagère. La présente carte, conçue par Bisqit, se plie sous la forme d'un héros de dessin animé. Créée pour les spécialistes en communications Hill and Knowlton, cette carte de Noël est une idée merveilleuse... si tout le monde ne croit pas en Dieu, qui ne s'exclame « *aaah* » quand elle ou il voit Bambi ? D'ailleurs, ce n'est pas à proprement parler une carte de Noël, mais une carte de vœux.

Création : **Mark Diaper and Hans Bockting, UNA**
Projet : **Catalogue d'exposition d'art**

Voices est un livre catalogue qui accompagnait une exposition sur l'utilisation de la voix dans les beaux-arts. La première partie du livre était découpée sous forme d'une série de cercles volontairement tirés en offset pour reproduire l'aspect du larynx et de la trachée-artère. « *Il était justifié de démarrer les découpes à l'intérieur du livre*, explique le concepteur Mark Diaper, *de la même façon qu'une voix naît, plutôt que de couper à travers le livre.* » Le concept sous-jacent à l'exposition était que, pendant des siècles, les artistes ont considéré la voix humaine comme l'un des sujets les plus déconcertants – un phénomène qui semble hors de portée de la représentation visuelle. L'exposition et le livre avaient pour objectif de montrer qu'aujourd'hui, avec un nombre croissant d'artistes dans le champ audio-visuel, il existe des raisons urgentes de réfléchir à nouveau sur le potentiel de la voix comme métaphore et comme matériau artistique. L'exposition a tourné aux Pays-Bas, en Espagne et en France.

Création : **Charlie Thomas**
Client : **Great Eastern Hotel**
Projet : **Invitation**

Cette invitation en forme de chaussure a été conçue par Charlie Thomas à l'occasion de la fête du millénaire organisée par le Great Eastern Hotel. Alors que le dos demeure intact, les deux feuilles du carton découpé à l'emporte-pièce s'apparentent à deux pieds.

Création :	**Christie's International Media Division**
Imprimeur de la couverture :	**Benwell Sebard**
Projet :	**Catalogue de vente aux enchères**

Les commissaires-priseurs Christie proposent des objets de toutes les époques. Aussi chaque catalogue de vente doit-il être conforme en termes de style avec la période du contenu soumis aux enchères. Nous savons presque instantanément que ce catalogue avec sa couverture noire et sa police Sans Serif ne contiendra aucune reproduction de chefs-d'œuvre de la peinture hollandaise du XVIIIe siècle. Son aspect industriel évoque clairement l'époque moderne. Le catalogue est celui d'une vente aux enchères d'œuvres contemporaines d'artistes tels que Gilbert et George, Jake et Dinos Chapman, Sarah Lucas et Chris Ofili. La couverture noire d'aspect mat maintenant ensemble les deux brochures est percée de centaines de minuscules trous distinctement espacés. À travers les trous, l'on peut deviner un papillon peint par Damien Hirst et extrait de *In Love–Out of Love* (l'un des objets mis aux enchères) qui figure sur la couverture de la première brochure. Lorsque vous soulevez la couverture pour découvrir le contenu de la brochure, la poche donne presque l'impression de scintiller au fur et à mesure que la couleur se déplace à l'intérieur des trous. En dépit de l'obscurité graphique intentionnelle de la couverture du papillon, la totalité de l'intérieur est clair et simplement disposé.

Création : **Carter Wong Tomlin**
Client : **Orange**
Projet : **Carte du nouvel an chinois**

Cette carte du nouvel an chinois, conçue pour Orange, emprunte le thème du serpent, animal de l'horoscope chinois. « *Comme nous créons plusieurs cartes du même type au fil des ans, le défi permanent consiste à trouver un moyen créatif de décrire l'animal honoré par l'horoscope telle ou telle année,* explique Phil Carter. *Nous avons découvert auprès de notre client que les cartes les plus populaires étaient celles qui utilisaient le papier de façon créative, et ce bien plus que les cartes de vœux traditionnelles. Comme la carte doit toujours pouvoir se glisser dans une enveloppe de taille standard, nous avons choisi la représentation d'un serpent, conçu sous forme d'une spirale qui se déploierait à partir d'une forme carrée.* » Un fil de coton fixé à la tête du serpent permettait de suspendre la découpe. Le lent mouvement de spirale, associé aux couleurs chinoises d'impression obligatoires telles que le rouge, l'orange et l'or, se révéla très séduisant. La carte fut tirée à 1 000 exemplaires.

Création : **Fibre**
Client : **Motorola**
Projet : **Invitation**

MOBILE était une exposition organisée par Motorola et destinée à illustrer « *l'évolution du téléphone portable, depuis les appareils à liaison radio bidirectionnelle jusqu'à l'objet de désir à la fois discret et omniprésent qu'il est aujourd'hui* ». Cette invitation à la visite privée de l'exposition a été conçue selon la forme et la taille de l'un des tout premiers téléphones portables. Comme vous pouvez le constater, ses dimensions n'ont rien à envier à celle d'un morceau de brique !

Ron van der Meer

Ron van der Meer a été l'un des premiers créateurs a affirmé que les livres animés pouvaient tout aussi bien fasciner les parents que les enfants. Par conséquent, ses livres sur des sujets spécialisés comme l'architecture, la musique et la psychologie, ont été des best-sellers internationaux et sont recherchés par ses fans les plus ardents à travers le monde. Outre le fait de faire découvrir aux adultes les joies des livres animés, ses dispositifs ingénieux montrent aux graphistes l'incroyable potentiel que représente l'utilisation du papier en 3D. Une page ordinaire d'un livre en apparence normal peut se soulever et laisser voir les trois dimensions d'un voilier, d'un orchestre, d'un volcan ou de l'opéra de Sydney.

Van der Meer possède une importante culture graphique. Dans les années 1970, il se tourna vers l'animation graphique et se spécialisa dans l'application 3D de jouets. « J'adorais bricoler, découper, fabriquer des trucs » dit-il. En 1978, un petit livre qu'un ami lui rapporta de Californie changea sa vie. Créé par Ib Penick, ce livre animé pour enfants était simple au vu des livres d'aujourd'hui, mais à l'époque une telle application 3D au papier n'était connue que d'un tout petit nombre. Ron van der Meer devint un mordu de ce type de création : « À partir de là, je n'ai cessé de jouer avec le papier et de fabriquer des livres à découpes ».

Van der Meer démarcha la maison Hamish Hamilton (Royaume-Uni) avec son propre projet de livre. L'éditeur n'avait aucune expérience dans la création de tels ouvrages et conseilla à Van der Meer de contacter Intervisual, société installée en Californie et spécialisée dans les encarts depuis de nombreuses années. Van der Meer se rendit chez Intervisual à Los Angeles. La compagnie accepta son projet Monster Island, livre qui s'est

déjà vendu à plus de 300 000 exemplaires. Ce fut le premier ouvrage de toute une série que van der Meer publia chez Intervisual. L'entreprise aurait préféré que l'artiste travaille dans ses locaux, mais, soucieux de préserver son indépendance, van der Meer demeura au Royaume-Uni. « Waldo Hunt est connu chez Intervisual pour être le parrain des livres à découpes, déclare van der Meer. Mais il voulait toujours mettre sa propre empreinte sur les livres. Il n'y avait jamais une personne travaillant seule, mais toujours deux ou trois. Wally est quelqu'un de très autoritaire. » Néanmoins, la relation entre Hunt et van der Meer fonctionnait correctement. L'un des projets pour lesquels Intervisual se montra réticent au départ, Fungus the Bogeyman – en collaboration avec Raymond Briggs – a déjà atteint le nombre de 150 000 exemplaires vendus. « À l'époque, nous ne pûmes le publier qu'en Grande-Bretagne. Aux États-Unis, une telle édition était considérée comme trop risquée. »

En 1981, van der Meer proposa à Intervisual l'idée d'un livre sur les voiliers. « Wally ne se montra pas intéressé. Il prétendit que les adultes n'achèteraient jamais de livres à découpes, que mon projet ne se vendrait jamais. Aussi contactai-je un éditeur britannique qui se montra séduit. Quand Wally l'apprit, il vira de bord et s'engagea sur le projet. Ce fut le premier livre sérieux sur la navigation à travers les siècles. Plus de 400 000 exemplaires de Sailing Ships ont déjà été vendus et je continue à toucher des droits d'auteur ! Il se vend à New York au prix de 600 dollars. »

L'ouvrage suivant pour adultes de van der Meer fut The Art Pack, un livre magnifiquement illustré, plein de découpes et de hors-textes débordants. Il s'agissait de la première introduction interactive à l'art occidental. Alors que Ron van der Meer avait toujours travaillé jusque-là avec des auteurs, The Art Pack marqua sa première collaboration avec un spécialiste, le professeur Christopher Fraley. Cependant, l'approche du professeur et celle du créateur, quant à l'ouvrage, paraissaient incompatibles. « Les spécialistes donnent l'impression de toujours savoir quel doit être le contenu d'un livre, explique van der Meer. Ils ne parviennent pas à prendre un peu de recul et à déterminer le contenu du point de vue du lecteur. Moi-même, c'est cette dernière approche que j'adopte. » Ron van der Meer réussit à convaincre Fraley que les sujets devaient être scindés en plus petites sections et qu'il fallait une moins grande quantité de texte. « La partie la plus importante dans la création d'un tel ouvrage consiste à le diviser en sections et en éléments à découpe. La première chose qui dissuade d'acheter un livre est l'abondance de texte. Nous avons réussi à ramener un texte de 80 000 mots à 40 000 mots. » Ron van der Meer éprouve très fortement le sentiment que son travail doit être accessible à tous, et pas seulement à ceux qui disposent déjà d'une connaissance du sujet. « Je veux poser les questions que le grand public lui-même se pose » explique-t-il.

Van der Meer estime que certaines des techniques les plus simples sont les plus efficaces. « Je ne cherche pas à épater, mon objectif est bien plus pragmatique. En premier lieu, j'examine le sujet, puis je regarde si, en tant que créateur graphique, je peux lui ajouter quelque chose qui le rende plus facilement compréhensible. Enfin, j'étudie si le projet est réalisable en termes de coût. » Aux yeux de van der Meer, son apport au sujet en tant que graphiste est très important. « Si je ne peux lui ajouter quoi que ce soit, autant ne pas se lancer dans l'aventure, déclare-t-il. »

« Le papier utilisé possède une résistance égale à 16 % de celle d'une feuille de métal de même épaisseur. Il se compose de fibres courtes qui, une fois pliées, fournissent un bord tranchant, ce qui, dans notre cas, permet aux « sculptures » de papier de pouvoir être pliées un millier de fois sans risque de se désintégrer. Pour un livre classique à découpes, nous utilisons du papier 10 points. Autrement dit, 220 g/m^2 couché des deux

WIND
BRANDBEKÄMPFUNG
NACH DEM FEUER

côtés. Le format de feuille est 28 x 40 pouces. Sur ces feuilles, nous organisons notre livre. Les éléments individuels doivent être disposés, ou imbriqués, les uns à côté des autres de façon à prendre en compte le grain du papier, ce qui contribue à la résistance des plis et à la proximité des éléments, et à éviter de gaspiller de l'espace et de l'argent. »

Les recherches réalisées par un professeur de psychologie d'Amsterdam ont montré qu'un lecteur retenait 75 % des informations contenues dans un livre de van der Meer, contre 20 % dans le cas d'un ouvrage normal. « Vous lisez le livre trois fois : d'abord, vous jouez avec les différents éléments, puis vous lisez le livre et enfin vous l'explorez en profondeur. L'aspect le plus important en ce qui concerne le cerveau est que vous utilisez vos sens au-delà de la simple lecture. Le livre suscite un intérêt permanent. Chaque section fonctionne d'une façon différente – chaque fois que vous tournez la page, il se produit une surprise. » Ron van der Meer fait remarquer que, contrairement aux ouvrages traditionnels, ce genre de livres est consulté un nombre incalculable de fois.

Son prochain projet cherchera à associer l'efficacité du livre à découpes comme outil éducatif et la puissance d'Internet, pour créer une série de didacticiels de mathématiques en ligne, destinés aux élèves de 3 à 16 ans et utilisés parallèlement aux manuels eux-mêmes. Contrairement à certains artistes qui travaillent essentiellement avec leurs mains, van der Meer n'affiche ni crainte ni scepticisme quant à la révolution numérique et les loisirs sur écran. « Le numérique n'est qu'un nouveau matériau, comme n'importe quel autre. Heureusement, c'est un excellent support. Le potentiel est énorme », affirme-t-il.

14

Création : **Corina Fletcher**
Projet : **Projet personnel**

Corina Fletcher a toujours été extrêmement intéressée par le fait de montrer comment les applications 3D du papier permettaient de communiquer de façon efficace. Pour ce projet personnel, elle s'est appuyée sur ses quelques connaissances chimiques. La brochure illustre les huit premiers éléments du tableau de Mendeleïev, depuis l'hydrogène jusqu'à l'oxygène. Grâce à une utilisation subtile des découpes à l'emporte-pièce, il a été possible de créer une image circulaire tridimensionnelle de chaque élément et de faire apparaître ses électrons, protons et neutrons. Comme le nombre d'électrons et de protons augmente pour chaque élément, il en est de même pour le nombre de bandes de papier qui entourent le noyau. « *Cette solution est idéale, parce qu'il est impossible de photographier les électrons et que les schémas ne sont pas aussi efficaces* » explique Corina Fletcher. La créatrice a utilisé un papier assez résistant pour permettre un découpage de qualité. La brochure a été tirée à 100 exemplaires. Si les manuels de chimie étaient aussi stimulants, à n'en pas douter, nous serions tous à l'heure qu'il est dans des laboratoires, vêtus d'une blouse blanche et équipés de lunettes de protection !

Création : **Trickett & Webb/Corina Fletcher**
Client : **Royal Society of Arts**
Projet : **Calendrier**

Ce calendrier à découpes a été conçu et produit pour la Royal Society of Art de Londres. Chaque découpe s'appuyait sur un aspect différent du patrimoine culturel de l'organisation – musique, mode ou photo, par exemple. La beauté du calendrier réside dans son utilisation minimale de l'impression et cette simplicité permet aux complexités mécaniques de créer un effet visuel incomparable.

L'agence graphique Trickett & Webb a travaillé en collaboration avec la spécialiste Corina Fletcher pour créer le calendrier. Pendant sa troisième année d'études, Corina Fletcher avait remarqué que l'ensemble de son travail intégrait un élément tridimensionnel. Elle se spécialisa alors dans l'utilisation tridimensionnelle du papier et obtint plusieurs récompenses. Elle fut ensuite contactée par Ron van der Meer (voir page 104), dont elle devint l'assistante pendant plusieurs années. Aujourd'hui, Corina Fletcher travaille comme consultante pour différentes agences graphiques et crée également des livres à découpes pour enfants. Elle a collaboré à plusieurs projets avec Trickett & Webb. Le présent calendrier a connu un immense succès et été primé à maintes reprises.

January
M T W T F S S
1 2 3
4 5 6 7 8 9 10
11 12 13 14 15 16 17
18 19 20 21 22 23 24
25 26 27 28 29 30 31
'FASHION IS NOT ART IT IS INDUSTRY...'
The late Jean Muir, Master of the Faculty of Royal Designers for Industry (1994/5), felt passionately that fashion design was as precise a science as any engineering process.
As early as 1758 the Society rewarded designs for weavers as part of their encouragement of art applied to manufactures.
February
M T W T F S S
1 2 3 4 5 6 7
8 9 10 11 12 13 14
15 16 17 18 19 20 21
22 23 24 25 26 27 28

'HOW MANY OBSERVE CHRIST'S BIRTHDAY! HOW FEW HIS PRECEPTS! O! TIS EASIER TO KEEP HOLIDAYS THAN COMMANDMENTS'
Benjamin Franklin, Honorary Corresponding Member of the Society
'During the year... there were exported from China 26,705,733 lbs of fire crackers, valued by the Chinese Imperial Customs at about £317,000... In the beginning they were used to frighten away evil spirits. Now they are most frequently an expression of... ceremonious compliment'. (Extract from RSA Journal November 1898). £45 million fireworks are now sold annually in the UK.
December

Création : **WPA Pinfold**
Client : **Die-Set Formes**
Projet : **Brochure publicitaire**

Des canards animés, un vaisseau à découpes, un squelette aux vertèbres saillantes – cette brochure conçue par WPA Pinfold laisse loin derrière elle la plupart des livres d'enfants en matière d'attrait ludique. La création est destinée à promouvoir auprès des agences graphiques et des entreprises d'impression le travail de Die-Set Formes, société spécialisée dans le découpage à l'emporte-pièce, en mettant en valeur son potentiel créatif aussi bien que son expertise technique. Chaque section de la brochure traite des valeurs fondamentales de Die-Set Formes – précision, vitesse et innovation – mises en exergue au travers de l'utilisation de techniques d'illustration complexes et d'une typographie à la fois simple et moderne. Les canards du stand de tir, par exemple, évoquent le thème de la précision. Pour exposer les méthodes de production de l'entreprise, WPA Pinfold a utilisé un ensemble de techniques de découpe et de pliage. La brochure a été imprimée par GKK Print sur un papier fourni par MoDo Merchants Ltd. La couverture plastique Priplak (perle blanche/sable 800 microns) provient de The Robert Horne Group.

Création : **SEA**
Client : **GF Smith**
Projet : **Livre de papiers de couleur**

À coup sûr, GF Smith ne se soucie pas de faire des économies quand il s'agit de la conception, de l'impression et de la production de son matériel publicitaire. Bien sûr, l'inverse serait absurde : en tant que marchands de papier, leurs ventes et leur réputation reposent sur l'aspect extérieur et sur la qualité de l'impression. Néanmoins, ce livre conçu par SEA et exposant la gamme de papiers Colorplan, dépasse les attentes. La gamme Colorplan se compose de 52 couleurs, 8 grammages et 19 gaufrages, tous présents dans la composition de ce livre. Les effets et les finis disponibles, comme les plis et les découpes, sont également présents. Comme les grammages du papier sont élevés – de 120 à 700 g/m^2 – le livre peut reposer tel un bloc, les couleurs et les différentes épaisseurs créant un effet arc-en-ciel. Bien que les pages offrent chacune un aspect et une texture uniques, elles dégagent, une fois assemblées, une parfaite unité. L'ensemble du livre illustre ce qu'il est possible d'obtenir quand le papier, l'impression et la conception sont associés harmonieusement. Le texte et les images s'en tiennent au strict minimum et toutes les possibilités sont exprimées par la qualité tactile et visuelle du seul papier.

Création : **Publique Living**
Projet : **Napperons en papier**

L'agence Publique Living (San Francisco) crée un certain nombre d'articles de décoration pour la maison, comme ces napperons en papier jetables, enrichis de graphiques à découpes. Chaque création intègre une zone qui se déplie en carte de visite, sous forme de chaise, de boîte aux lettres ou de cage à oiseau. Les napperons sont disponibles par paquets de dix, déclinés en deux couleurs (sable blanc et papier kraft). Ils sont entièrement composés de papier recyclé (30 % de fibres après consommation et 70 % de vieux papiers avant consommation). Ils s'intègrent parfaitement à la décoration d'une table.

Création : **Corina Fletcher**
Client : **Royal Society of Arts**
Projet : **Cartes de Noël**

Il y a quelques années la Royal Society of Arts du Royaume-Uni a contacté Corina Fletcher pour qu'elle crée leurs cartes de Noël. Pour Noël 1999, ils souhaitaient que la carte mette plus particulièrement en valeur l'année, car elle ouvrait un

nouveau millénaire. La solution retenue a été une carte double-face représentant une étoile et un soleil. « *À l'origine, le projet était plus complexe, mais je dus le simplifier quelque peu pour des raisons de rentabilité* » explique Corina Fletcher. Ces cartes spéciales ont été tirées à 100 exemplaires. L'année suivante, la Royal Society of Arts fit de nouveau appel aux services de Corina Fletcher. « *Souvent, nous proposons deux ou trois idées, et ils en retiennent une seule. Mais cette année-là, ils gardèrent deux idées, l'arbre de Noël et la maison* ». La maison en relief provient d'une proposition de l'architecte Robert Adams pour la façade de la maison abritant la Royal Society of Arts et soumise à l'approbation de cette dernière en 1771. « *L'arbre de Noël est une œuvre en papier 3D particulièrement simple,* explique Corina Fletcher. *J'aime la carte pour le millénaire, parce qu'elle est en blanc. Le papier 3D présente toujours un aspect plus séduisant quand la surface n'offre que peu d'images.* »

Création : **Robert Sabuda**

Client : **Museum of Modern Art, New York**

Projet : **Cartes de Noël**

Robert Sabuda est peut-être l'un des auteurs de livres en relief pour enfants le plus imaginatif des États-Unis. À l'occasion du Noël 2002, il a créé ces magnifiques cartes pour le Musée d'Art moderne de New York. L'une représente une colombe en relief, tandis que la cathédrale comporte un encart de plastique de couleur qui, lorsque vous placez une guirlande électrique derrière, ressemble à un vitrail. Robert Sabuda, originaire du Michigan, a com-

mencé à créer des représentations en relief à partir des vieux classeurs à papier bulle que sa mère rapportait de l'entreprise Ford Motor Company où elle travaillait comme secrétaire. Il étudia ensuite au Pratt Institute de New York et, pendant une année, fit un stage chez l'éditeur Dial Books for Young Readers où il fut profondément marqué par les illustrateurs des livres pour enfants. Une fois diplômé, Sabuda alla d'un éditeur de livres pour enfants à l'autre, « *proposant mon travail et espérant me voir confier un projet d'illustration, afin de gagner de l'argent et de subvenir à mes besoins – mon travail consistait à l'époque à créer des emballages pour les sous-vêtements féminins !* » Robert Sabuda finit par obtenir de petits travaux où il illustrait des livres de coloriage (inspirés de célèbres héros de cinéma comme Rambo !), puis se vit confier des missions plus importantes et devint progressivement illustrateur à temps plein de livres pour enfants. Comme il avait toujours voulu créer un livre à découpes, il retira de ses étagères ses propres livres d'enfant et apprit par lui-même à en concevoir et à en fabriquer. Aujourd'hui, il travaille à New York et ses ouvrages ravissent les enfants du monde entier.

Création : **Penny Baxter and Nicola Gray**
Projet : **Livre d'art conceptuel**

Penny Baxter, codirecteur de l'agence graphique salterbaxter, et Nicola Gray, illustrateur, ont travaillé ensemble sur ce projet de création en papier 3D, *Space Hotel*, qui explore les habitats du XXIe siècle. Au fur et à mesure que le projet évoluait, il devint de plus en plus conceptuel ; chaque espace, à l'exception de l'aire de pique-nique et du briquetage, fut représenté par un recours à l'abstraction, sans être contraint par quelque iconographie identifiable que

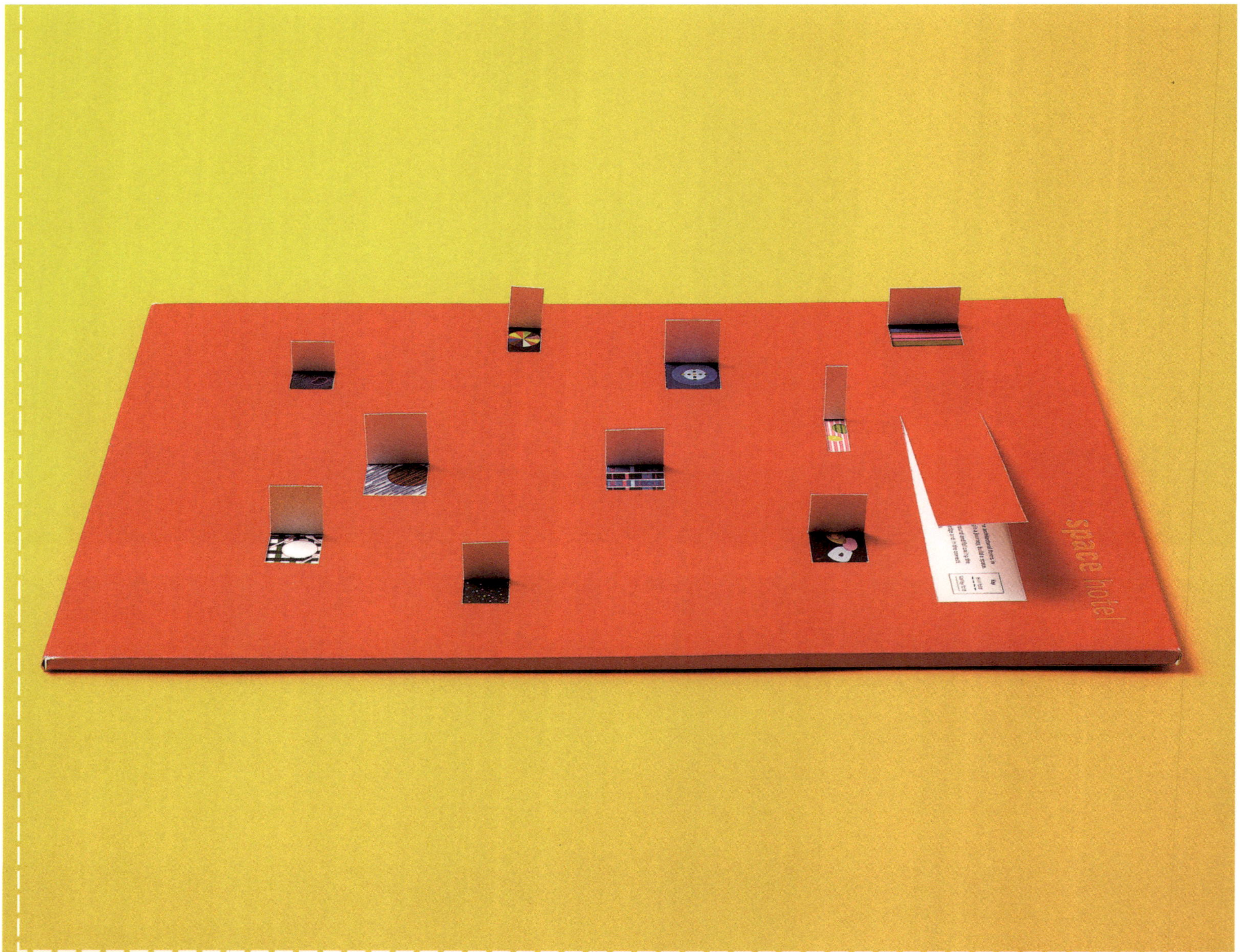

ce soit. Le langage visuel se compose de couleurs, de formes et de lumières. Les trous aménagés dans plusieurs pièces permettent à la lumière d'entrer et au spectateur de regarder au travers. Dans l'œuvre baptisée *Desert*, les trous se transforment en étoiles scintillantes. Le nid, d'un autre côté, est hermétiquement fermé et, une fois construit, se révèle inviolable – sorte d'abri protégé du monde extérieur. Selon vos propres notions, un espace personnel peut être perçu comme une zone de confort ou comme une prison. Sur l'emballage extérieur, les fenêtres invitent chaque hôte potentiel à entamer un voyage qui célèbre le livre dans sa pureté conceptuelle. De manière ironique, en « fabriquant » ce livre, vous le détruisez ; mais Baxter et Gray se réjouissent d'une telle situation – pour eux, le livre existe pour être utilisé, autant comme objet fonctionnel que comme aventure esthétique.

Création : **Sagmeister Inc.**
Projet : **Carte publicitaire**

Avec deux ou trois plis simples, la carte peut se transformer en un véritable cadran solaire. La carte a été imprimée en 2 000 exemplaires par Sagmeister Inc. comme carte publicitaire de l'agence elle-même. Selon Stefan Sagmeister, qui a conçu l'œuvre avec Veronica Oh, le cadran donne l'heure exacte n'importe où aux États-Unis.

Création : **Yorgo Tloupas**
Client : **Intersection**
Projet : **Cartes de visite**

Intersection est un journal consacré à l'automobile et dont les photos évoquent celles d'un magazine de mode. Yorgo Tloupas, éditeur et directeur artistique du magazine, a conçu ces cartes de visite à l'attention du personnel. Les cartes présentent toutes la forme d'une fourgonnette Honda, mais obéissant à dix modèles différents, parmi lesquelles la voiture de la poste, la voiture de police ou le véhicule blindé de transport de fonds. Yorgo Tloupas a réutilisé la forme de la découpe pour créer les invitations à l'inauguration. « *Nous avons conservé la forme autour de la carte et les personnes devaient pousser la fourgonnette à l'extérieur du flyer lui-même, de la taille d'une carte postale* » explique-t-il.

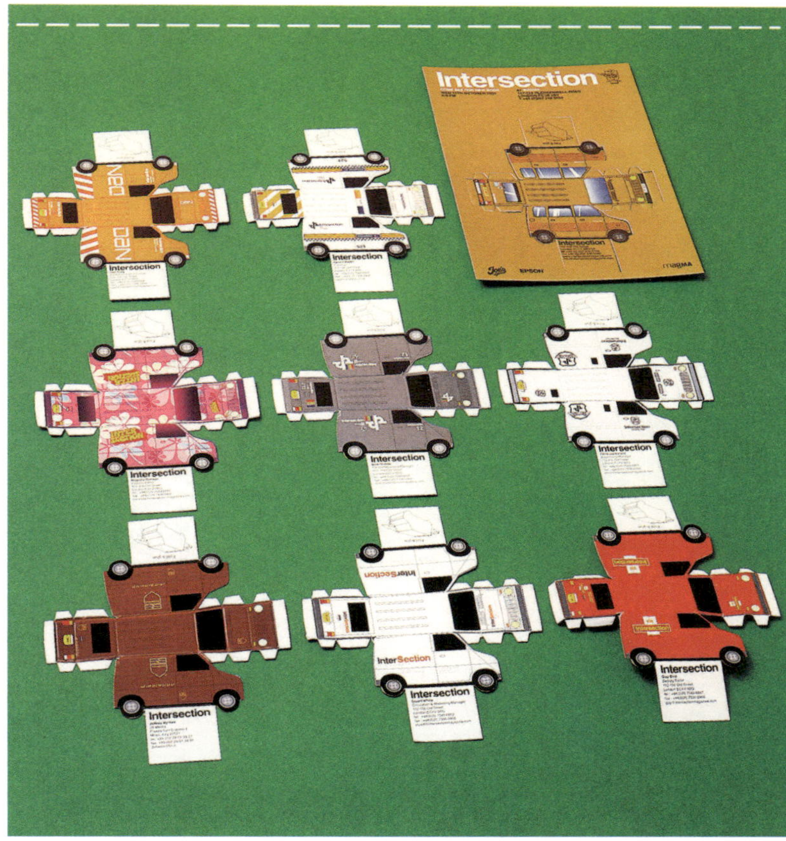

Création : **Zuan Club**
Client : **Tokyo Design Center**
Projet : **Matériel promotionnel**

Ce matériel promotionnel destiné au cinquième anniversaire du *Tokyo Design Center* est coupé, plié et collé de façon à créer un gratte-ciel tridimensionnel en papier. L'impression de perspective est obtenue en coupant les bords qui correspondent aux côtés, selon un angle de 30 degrés environ. S'il se présente à plat, il peut être transformé en une structure rigide en dépliant le rabat inférieur de façon à ce que les quatre côtés tiennent fermement en place. Au premier abord, l'on est tenté de penser que les graphistes ont procédé à des découpes complexes autour du gratte-ciel, mais en réalité, les images correspondent aux formes de bureaux et d'appartements directement découpées selon la vue aérienne oblique d'un paysage urbain.

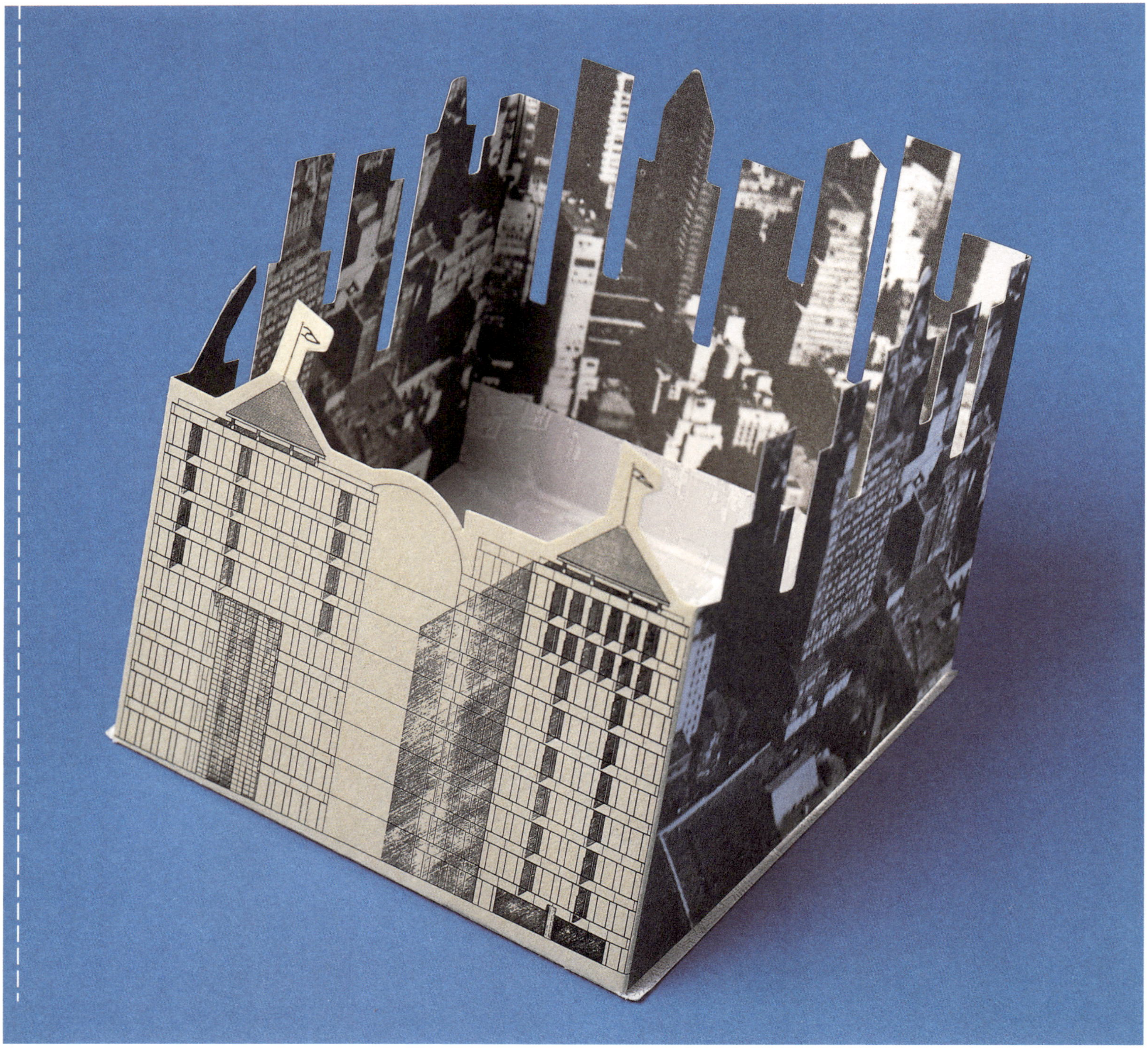

Création : **Zuan Club**
Client : **Sasaki Keori Co. Ltd**
Projet : **Invitation**

Ouverte à plat, cette invitation à un défilé de mode se compose simplement de cinq bandes découpées et alignées de façon à créer un carré. Il est orienté sur la page comme un losange et plié au milieu. Une fois l'invitation pliée, les espaces découpés et les bandes intermédiaires se chevauchent pour créer le motif en forme de lacet. L'invitation s'apparente alors plus à un objet sculptural qu'à une carte ou à un dépliant ordinaire dont les panneaux se contentent de proposer des informations.

Création : **Gardner Design**
Projet : **Invitation**

Bill Gardner décrit cette carte comme l'un des plis les plus compliqués auxquels il a jamais été confronté : « *Elle offre l'aspect merveilleux d'un feu d'artifice. Si la carte a été facile à concevoir et à couper, le pliage réel de cette découpe particulière a été un cauchemar. Une multitude de mouvements dans un espace aussi étroit et autant d'angles multiples représentent un réel défi. Ce n'est pas parce qu'un pli est possible qu'il est simple à réaliser.* »

Création : **Angry**
Client : **Monkey Tennis**
Projet : **Flyers**

Scott Burnett a puisé cette idée pour les flyers d'une discothèque de Dublin dans certains livres de son enfance. « *Les premiers que nous fîmes étaient ceux composés de quatre personnages différents où vous utilisez vos propres doigts comme jambes, ce que je me souviens avoir fait enfant,* explique Burnett. *J'ai toujours adoré l'esprit créatif qui se dégage de ce type d'ouvrages, où il s'agit d'obtenir quelque chose à partir de rien. Aussi avons-nous essayé de créer une série de flyers doux et monochromes, qui se transformeraient sous les yeux – SANS l'aide d'un morceau de plastique collé au dos OU l'intervention d'un adulte – en quelque chose de complètement différent… Oh, et je me suis également dit que si je pouvais réussir à ce que les gens dans les bars jouent avec les flyers au lieu de s'en servir pour éponger la bière, alors peut-être, seulement peut-être, aurions-nous la chance de remplir le lieu… pas mal vu, non ? Mais, malheureusement, ça n'a pas vraiment marché… faire la publicité d'une discothèque est un vrai casse-tête.* » Le flyer a été réalisé à l'aide d'un carton de paille de 300 g/m^2. Il a été imprimé par Martin Color Print « *avec beaucoup d'égard pour la patience et les compétences de Dylan Roche et Conor O'Hare* », précise Scott Burnett. 3 500 exemplaires ont été imprimés chaque mois.

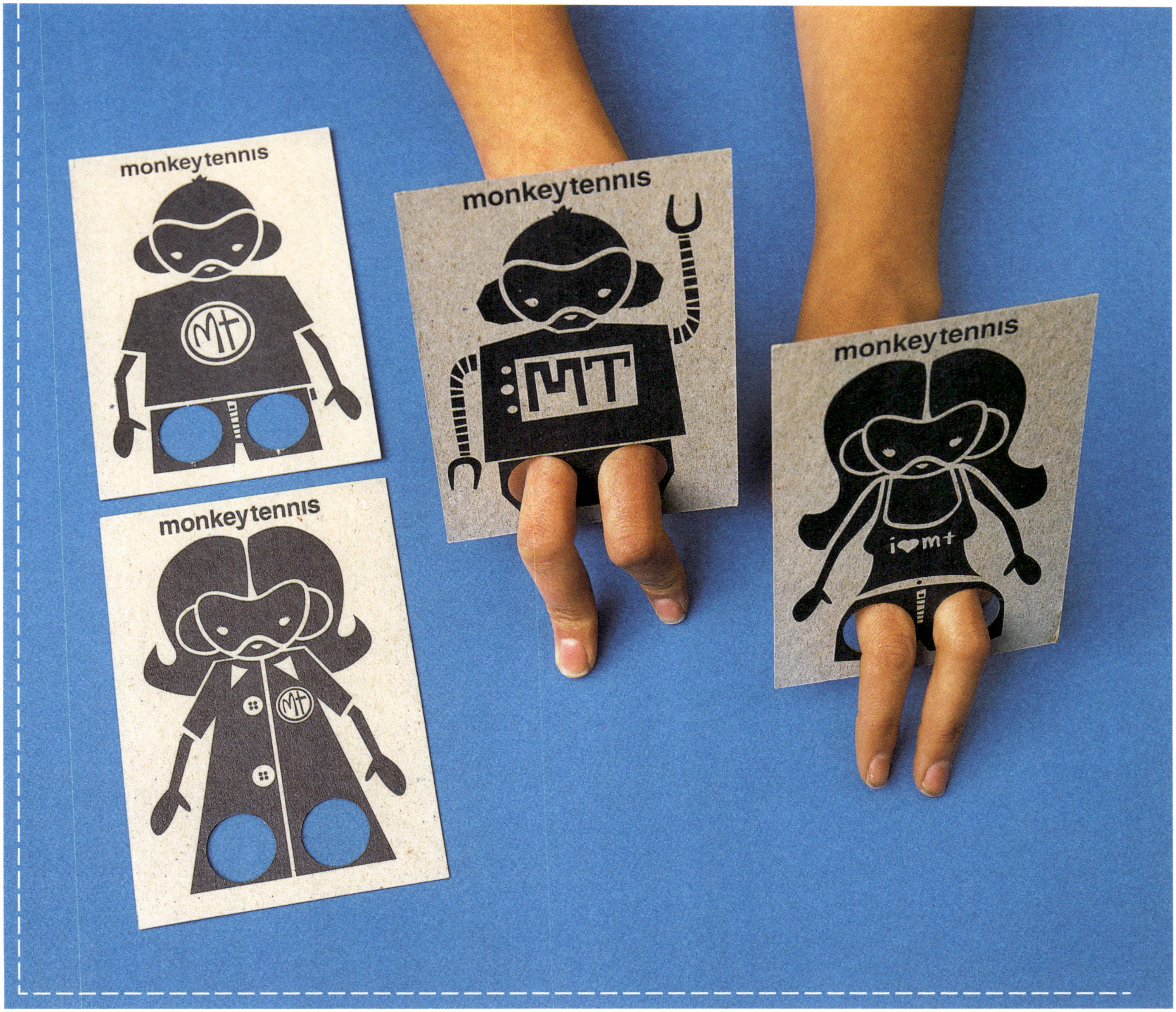

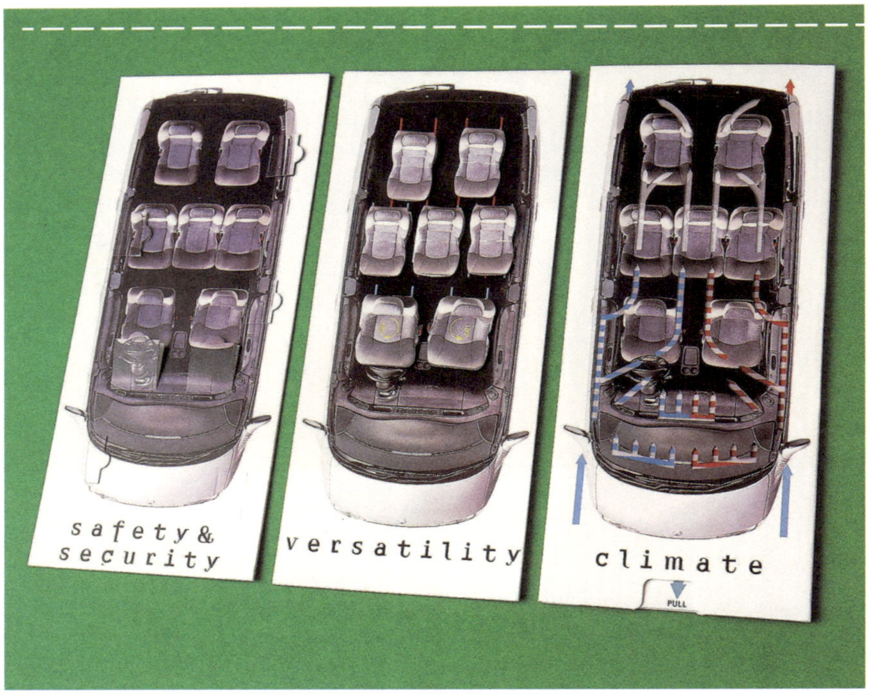

Création : **Trickett & Webb/Corina Fletcher**
Client : **Renault Espace**
Projet : **Réclame**

L'utilisation 3D du papier constituait le moyen idéal d'exhiber les fonctionnalités de la nouvelle Renault Espace. Elle illustre le fonctionnement du système de ventilation, de la commande à distance, de la sécurité et du rangement. Les fonctionnalités sont vues comme si le véhicule était coupé en deux en son milieu et le destinataire doit examiner l'intérieur en le regardant du dessus. Les sièges peuvent être manipulés afin de montrer que, dans la voiture elle-même, ils se déplacent dans toutes les directions. Notons aussi la présence d'onglets qui, lorsque vous les extrayez, font passer la couleur, qui apparaît au travers des découpes, du rouge au bleu, démontrant ainsi à quel point il est aisé de contrôler la température. Corina Fletcher a travaillé sur ce projet comme consultante pour l'agence graphique Trickett & Webb. « *Les instructions initiales de l'agence étaient de créer un modèle en bois, mais le papier 3D semblait être une meilleure solution* », explique-t-elle. Les graphistes Brian Webb et Colin Sands de l'agence Trickett & Webb ont travaillé sur ce projet. « *Le papier semblait être une solution plus visuelle et plus immédiate pour décrire les nouvelles caractéristiques du véhicule* », déclare Brian Webb. La brochure, imprimée par Karran Productions, a été adressée à tous les acheteurs potentiels et a connu un énorme succès.

Création : **Cahan Associates**
Client : **Heartport**
Projet : **Rapport annuel**

Le graphiste Craig Bailey a adopté une approche originale vis-à-vis de ce qui constitue d'ordinaire une mission peu séduisante, à savoir la création d'un rapport annuel. « *Heartport fabrique des outils de chirurgie cardiaque très peu encombrants* » explique Craig Bailey. « *Leur procédure révolutionnaire, Port-Access, permet aux chirurgiens d'effectuer plusieurs interventions au travers de petites ouvertures entre les côtes, sans ouvrir la poitrine du patient.* » À l'issue d'une année riche en succès pour la compagnie, Cahan Associates a proposé une approche plus humaine du rapport annuel. Le document qu'ils ont créé examine un retour à la vie normale au travers de photographies personnelles et de récits où les patients eux-mêmes racontent leur rétablissement. Le thème cardiaque parcourt le livre, presque littéralement, au moyen de deux grands trous découpés proprement à travers le rapport, de la première à la dernière page.

Création : **Zuan Club**
Client : **Arjo Wiggins Japan**
Projet : **Carte de vœux**

Grâce à une pliure et à quelques fentes, ce morceau de papier se transforme en un personnage attachant, qui tient debout et tend une carte de Joyeux Noël. Le petit homme a été conçu par Zuan Club pour l'entreprise de papier Arjo Wiggins Japan et obéit à un double objectif : servir à la fois d'échantillon de la gamme Conqueror et de carte de vœux. Bien qu'il s'agisse de papier, et non de carton, l'œuvre offre une structure résistante et robuste.

Création : **Stefan Sagmeister**

Projet : **Faire-part de mariage**

Renee et Robert Wong peuvent s'estimer heureux d'avoir comme ami le graphiste Stefan Sagmeister. Il a conçu pour eux ce magnifique et exceptionnel faire-part de mariage, en proposant « *un filigrane en relief composé des versions respectives de leur première rencontre.* » Le projet n'a nécessité aucune impression ; au contraire, tout le texte a été composé sur le papier par laser. Si vous plissez les yeux sur le subtil découpage, vous pourrez lire l'histoire de la rencontre de Renee et de Robert, et connaître les détails de la cérémonie de mariage. La carte a été fabriquée par Joe Freedman de Hestia House/ Sarabande Press (New York).

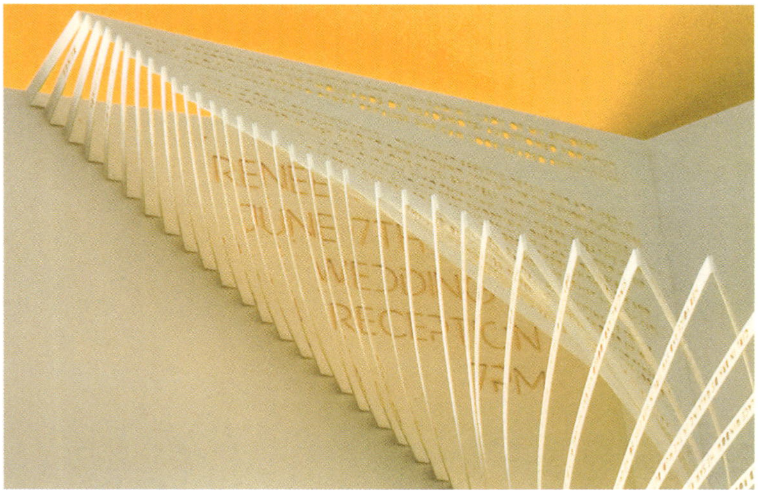

Création : **Joanne Stockham**
Client : **Whitechapel Gallery**
Projet : **Guide d'exposition pour enfants**

Pour susciter l'intérêt des enfants et faciliter leur compréhension lors de la visite d'une exposition d'art conceptuel, l'artiste Joanne Stockham a créé une sorte de casse-tête qui les guide à travers la galerie et leur permet de regarder les différentes œuvres tout en posant des questions. D'abord, les enfants reçoivent la maquette d'une boîte qu'ils doivent mettre en forme à l'aide des autocollants qui leur sont fournis. Chaque côté de la boîte comporte un indice qui doit être découvert. L'une des faces, par exemple, possède un texte qui ne peut être lu que face à un miroir – le texte invite à rechercher une sculpture particulière. Une autre face propose une partie d'une image et les enfants doivent trouver la partie manquante. Une sortie scolaire qui risquait d'apparaître très rébarbative se transforme en un jeu et fait découvrir aux enfants que l'art est, en grande partie, un moyen d'explorer leur propre vision du monde au travers des œuvres d'autrui. L'exposition intitulée *Live In Your Head : Concept and Experiment in Britain 1965–1975* s'est déroulée à la *Whitechapel Gallery*.

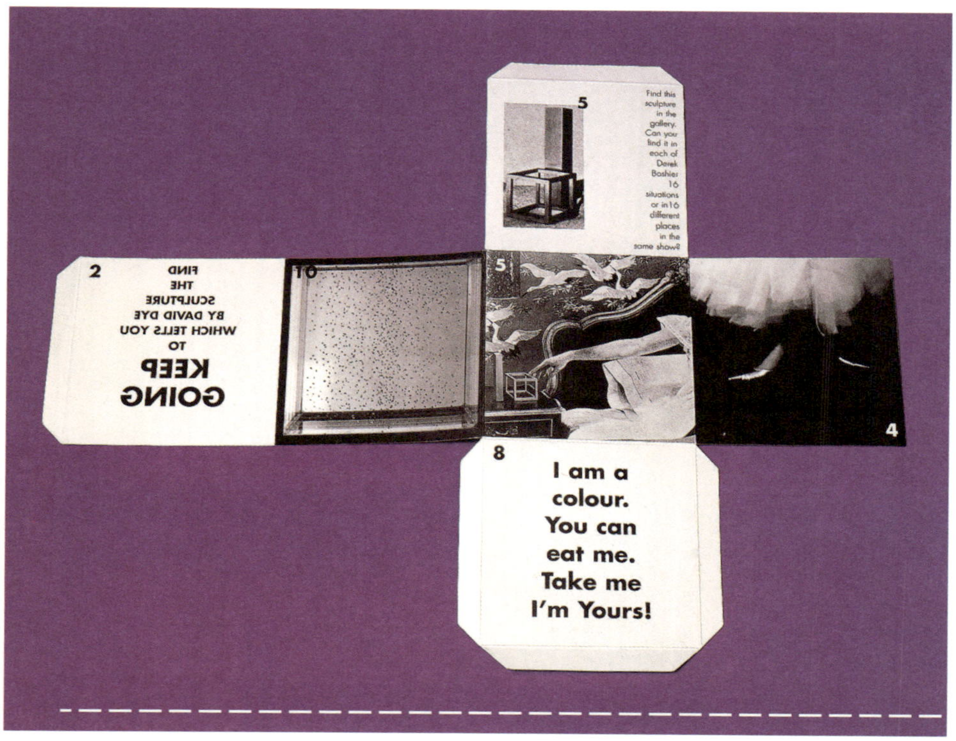

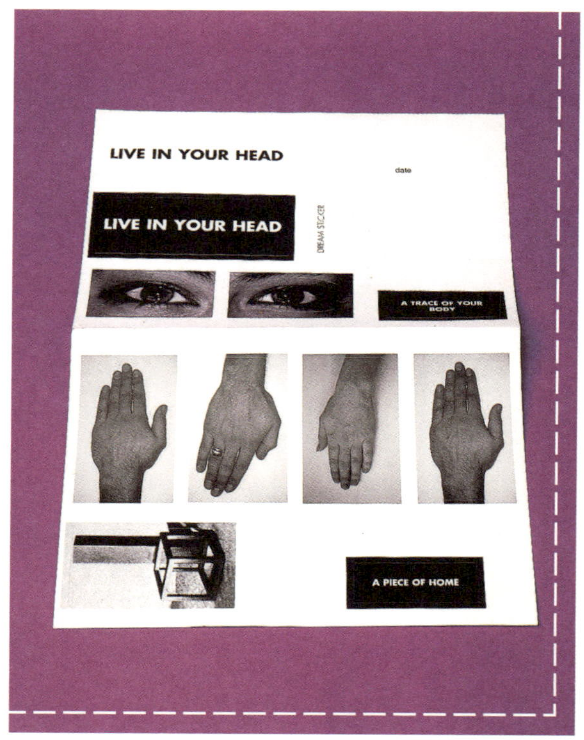

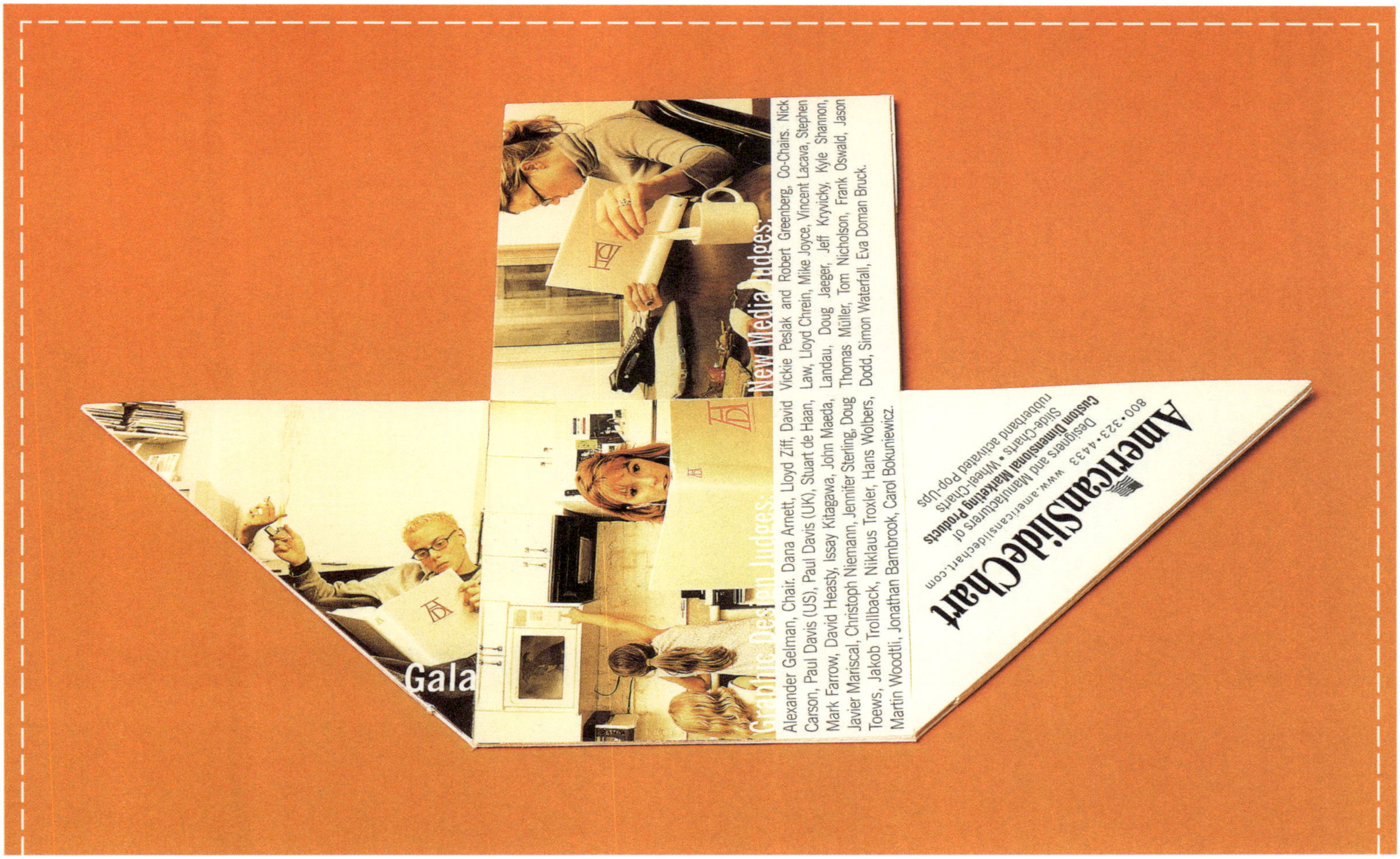

Création : **American Slide Chart and Bozell**

Client : **The Art Directors Club, New York**

Projet : **Invitation**

L'enveloppe devrait comporter une mise en garde, car, quand elle prend sa forme finale d'un coup sec, vous éprouvez une certaine frayeur ! Le cube est activé par un ruban élastique ; il a été fabriqué par American Slide Chart, agence spécialisée dans les produits marketing personnalisés. Une fois développé, le cube offre une structure incroyablement résistante et solide, mais qui s'avère très difficile à refermer... Sa forme audacieuse, presque rigide, en fait une œuvre avant tout décorative, ce qui signifie que l'enveloppe a peu de chances de se retrouver noyée sous les autres enveloppes entassées sur le bureau du destinataire. Le projet était une invitation adressée par l'Art Directors Club de New York et les amusants panneaux ont été conçus par Bozell.

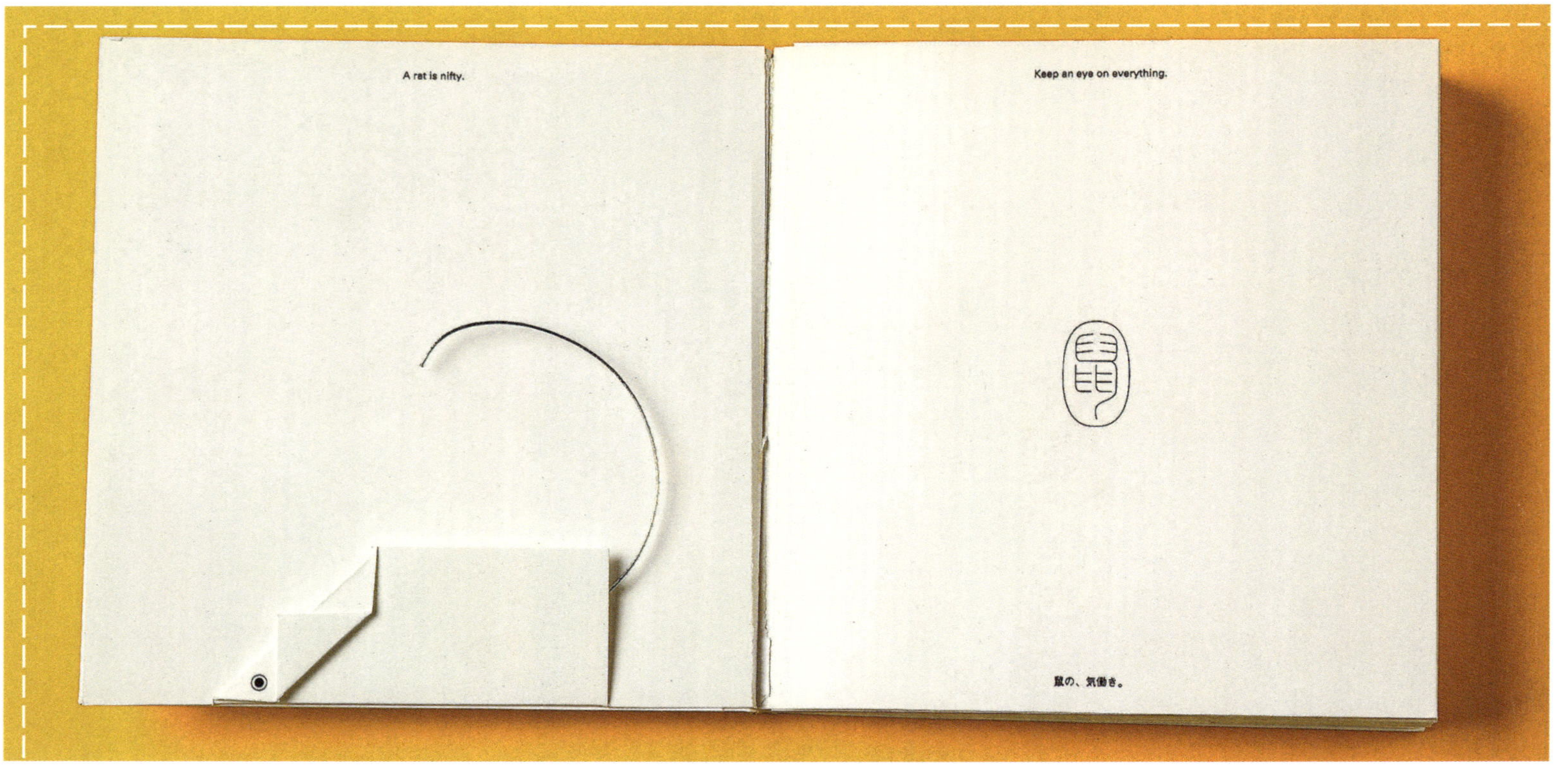

Création : **Akio Okumara**
Client : **amus arts press**
Projet : **Livre**

Ce charmant petit livre, *Chinese Star Signs* du graphiste japonais Akio Okumara, se sert de plis et de coupes pour créer les animaux de l'horoscope. Le livre inclut une vache composée de minuscules pièces de puzzle qu'il est possible de pousser hors de la page, ainsi qu'un

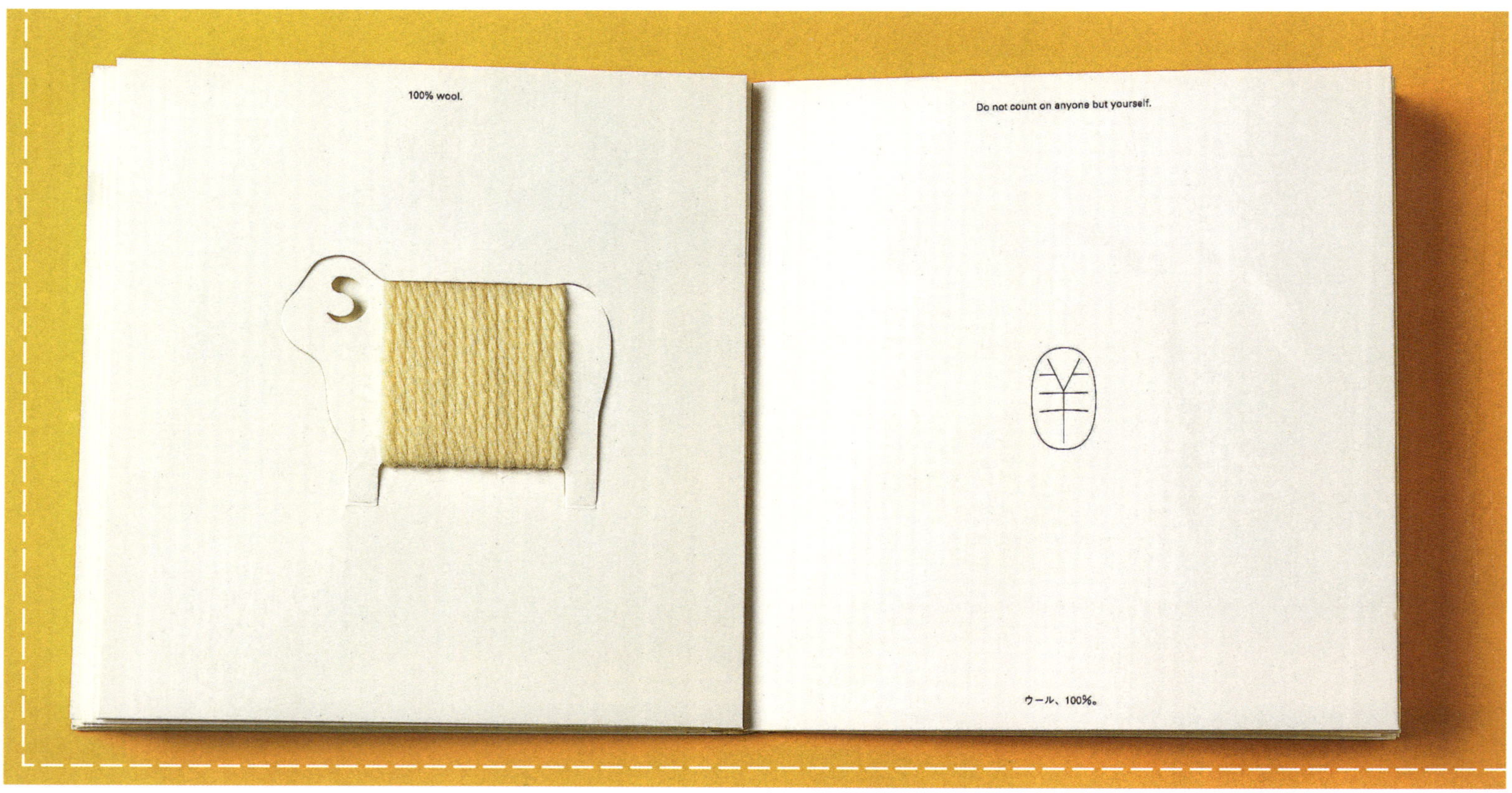

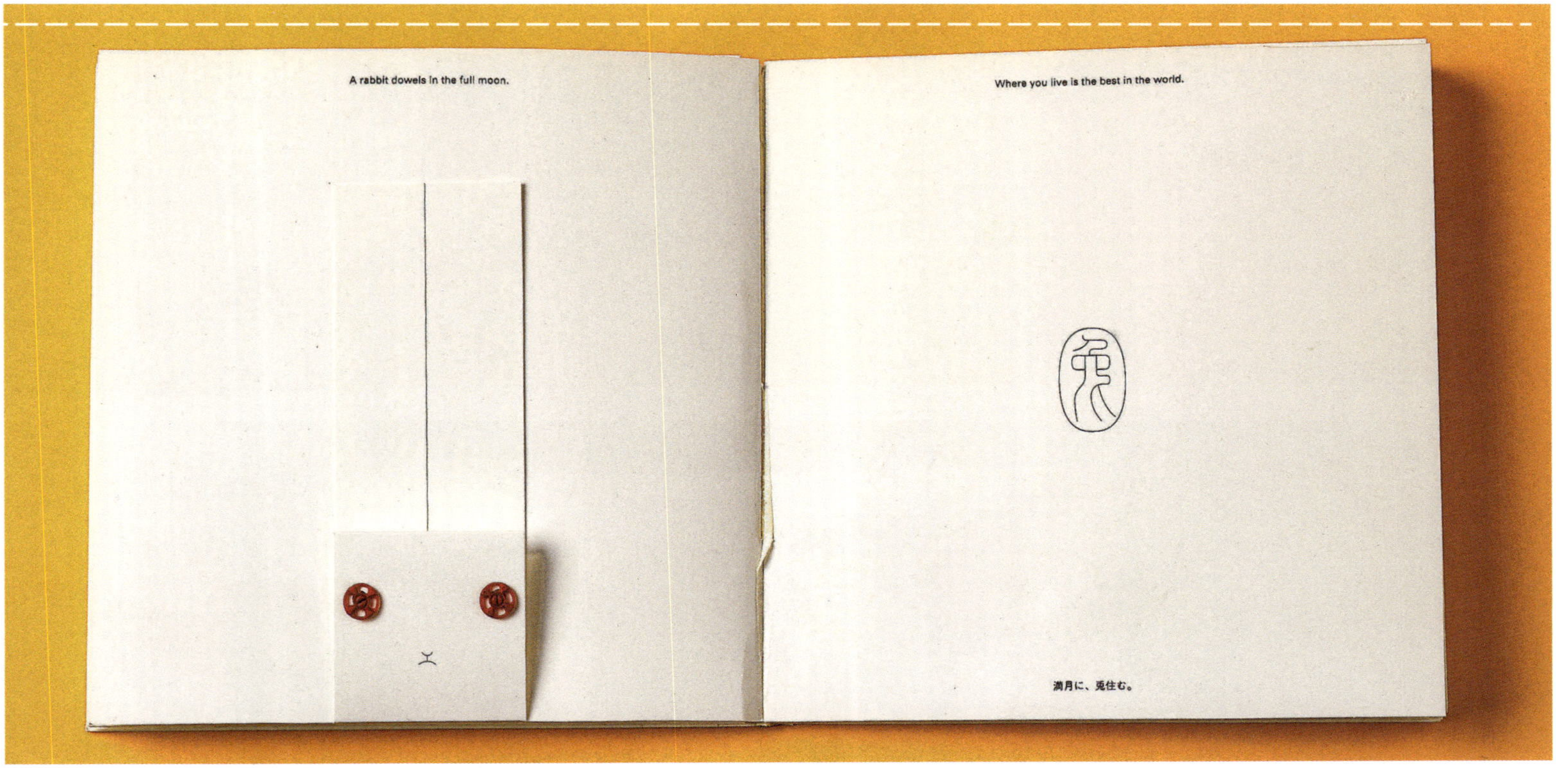

dragon obtenu à partir d'une bande de papier et d'agrafes inclinées de façon à représenter les yeux. Une autre bande possède une longue ligne verticale qui délimite clairement les oreilles d'un lapin. Ces bandes ne sont pas collées sur la page, mais formées d'encarts dépliants découpés. Les pages blanches ne comportent guère d'impression : les animaux peuvent principalement être reconnus grâce aux angles formés par les plis, ainsi que par deux ou trois lignes ou cercles élémentaires. La dimension créative du papier l'emporte ici sur les éléments imprimés et, réduite à ses composants visuels les plus simples, cette forme d'illustration s'accorde parfaitement avec les phrases humoristiques proposées.

Création : **Charlie Thomas**

Projet : **Vêtements en papier**

Charlie Thomas est un graphiste qui crée également des vêtements en papier. Il se livra à l'une de ses premières tentatives tandis qu'il travaillait à Melbourne sur le concept d'un magasin pour le fabricant de meubles Terence Conran. Dans le cas présent, il a créé toute une présentation en vitrine pour la créatrice de mode Collette Dinnigan. La vitrine se composait de chaussures, sacs et robes en papier grandeur nature. Il a également imaginé des présentations de vitrine pour Burberry. Ses vitrines ont eu un tel succès qu'il a été invité à participer à une exposition-vente chez Sothebys, baptisée *Out of the Closet – Clothes of the Unwearable*, qui, entre autres réalisations, proposait les vêtements en papier du créateur de mode Hussein Chalayan. À l'origine, ses créations en papier étaient plates – une sorte de collage en trois dimensions –, mais il a bouclé la boucle, en quelque sorte, en fabricant des vêtements portables, ne serait-ce qu'une soirée. La sublime Isabella Blow lui avait commandé une robe de bal et une veste en papier crépon qu'elle porterait aux défilés de couture, à Paris. Le travail présenté ici a été créé à l'aide d'un papier Keaykolour et a été exposé lors d'une exposition sur le papier.

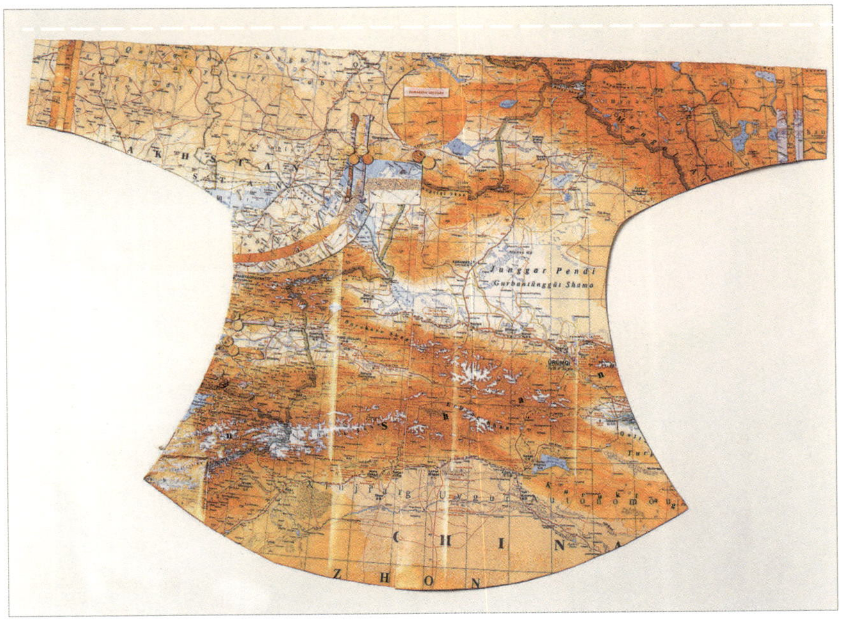

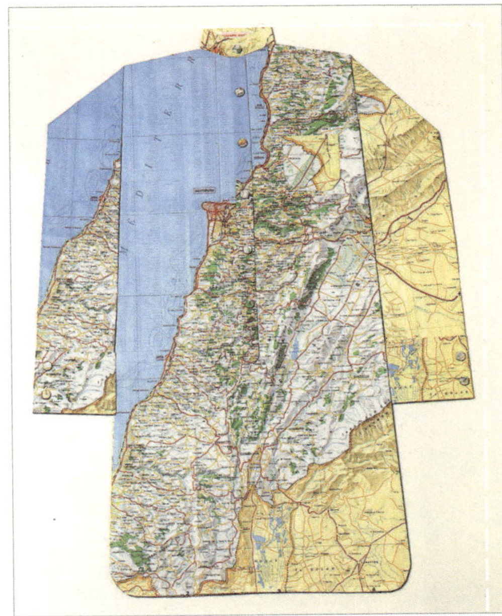

Création : **Elisabeth Lecourt**

Projet : **Robes**

Elisabeth Lecourt a créé ces robes à partir de cartes. Le style des vêtements est lié à la destination illustrée par la carte elle-même. « *Les vêtements représentent l'identité et l'environnement de celui qui les porte*, explique-t-elle. *Chaque robe raconte une histoire et le titre révèle généralement quelque chose de plus sur la personne ou sur le groupe de personnes. Ils peuvent avoir un côté sombre en eux, mais cela est involontaire. Par exemple, "Oh, baby, just you shut your mouth..." (Oh, chérie, si seulement tu pouvais te taire cinq minutes) est une veste destinée à une jeune chinoise de huit ans. Les robes n'ont aucun caractère moralisateur. Parfois, le spectateur peut apprécier les robes ou simplement être touché par elles. Les robes ont généralement des tailles pour enfants, car elles concernent les souvenirs et l'enfance. L'enfance nous façonne pour le restant de nos jours. Le lieu et la façon dont nous grandissons créent l'adulte que nous deviendrons.* » Elisabeth Lecourt explique qu'elle ne suit aucun modèle quand elle crée ses robes, et que sa façon de travailler est essentiellement instinctive. « *Comme je ne sais absolument pas coudre, les robes dégagent une certaine naïveté. Il est tout à fait impossible de les porter.* »

this floor
the
urban retreat

Création : **Multistorey**
Client : **The Urban Retreat, Harvey Nichols**
Projet : **Signalisation**

The Urban Retreat, au quatrième étage du grand magasin Harvey Nichols de Londres, était un spa où les élégantes allaient se faire choyer. Multistorey a conçu cette signalisation, située près de l'escalator du 4e étage et composée d'une mosaïque de dix carrés (1,5 cm) de papier blanc de différents grammages et disposés sur une table lumineuse. « *L'éventail des papiers allait du papier très fin au carton robuste, ce qui créait une échelle de gris lorsque l'ensemble était éclairé par l'arrière*, explique Multistorey. *À partir de cette installation, nous avons créé une image bitmap. Le résultat reflète l'aspect moderne et tranquille du lieu, à la fois spa et salon, et se détache du reste de l'étage, encombré d'articles et vivement coloré.* » La signalisation mesurait 3 x 1,5 m.

Création : **Ogilvy Singapore**
Client : **Northwest Airlines**
Projet : **Carte de Noël**

Sur cette carte de Noël conçue pour Northwest Airlines, un petit avion se déplie plusieurs fois en forme de flocon de neige. Le papier utilisé est un papier fin, presque semblable à du tissu. Il s'agit d'une façon spirituelle d'exploiter l'aspect festif, tout en soulignant les valeurs de l'entreprise. La carte évoque plus particulièrement les collages de Noël effectués par les enfants pour décorer les salles de classe en fin d'année.

Création : **One Pom**
Client : **Parallel Media Group**
Projet : **Invitation**

Chaque année, un couple d'Italiens fortunés, collectionneurs d'art et adorant fêter (ou courtiser...) les nouveaux talents, remet un prix, baptisé Parallel Prize, aux meilleurs étudiants de dernière année du département Painting and Communication and Design du Royal College of Art de Londres. Un grand repas est organisé en l'honneur des lauréats. L'événement se tient au San Lorenzo de Knightsbridge, lieu de rencontre de tout temps de la jet-set européenne. L'invitation s'inspire de l'esprit italien de la soirée. L'agence graphique One Pom a créé une invitation différente de celle habituellement remise chaque année. Une affichette illustrant un bol de spaghetti a été envoyée aux destinataires qui devaient confirmer leur présence en complétant le dessin. Voici quelques-unes des réponses pleines d'imagination...

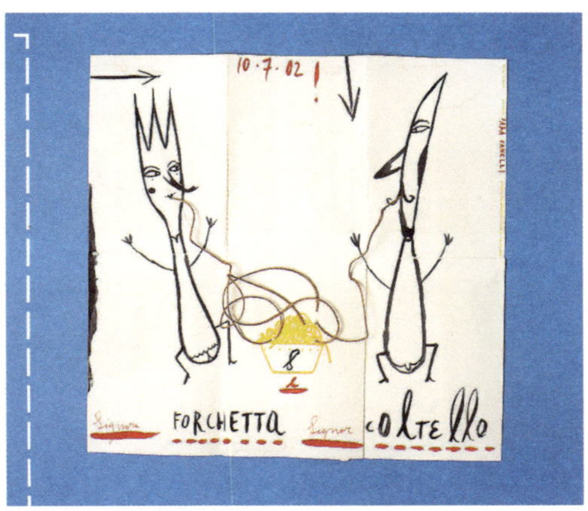

Création : **Roundel**
Client : **Zanders**
Projet : **Brochure publicitaire**

L'agence Roundel a créé cette brochure faisant la publicité d'une nouvelle gamme de papier calque de couleur conçue par Zanders Spectral. La conception des brochures, destinées à être envoyées à des prescripteurs, devait offrir un aspect paneuropéen. « *En raison de la nature inhabituelle du produit, nous avons pensé que la publicité devait intéresser et séduire les concepteurs par l'utilisation de la couleur,* explique Mark McConnachie de Roundel. *Répondant au titre "you can", la brochure illustre divers effets et techniques comme les changements de couleurs, la création de formes et le déplacement d'images.* » Les différents thèmes sont utilisés pour illustrer le choix possible de 18 couleurs et de 2 grammages (100 et 200 g/m^2). La première page, par exemple, donne lieu à la création d'une illusion optique ; sous le papier 200 g/m^2 rouge cerise se trouvent trois tasses et, sous la troisième, une pièce de monnaie rouge. Si vous soulevez le papier, la pièce de monnaie se déplace vers la tasse située à gauche. En ajoutant des couches de papier calque de différentes couleurs, il est possible de créer les segments d'un graphique circulaire et de les changer de place. La brochure illustre à coup sûr à quel point la couleur et le grammage du papier peuvent être utilisés avec une grande imagination.

Création : **Warm Rain**
Client : **Surgery PR**
Projet : **Invitation**

Les destinataires de cette invitation à une conférence de presse veulent instantanément la tenir dans la direction de la fenêtre la plus proche. L'image, et de fait toute la page, paraît très belle quand la lumière passe au travers, tandis que la transparence du papier ajoute une réelle authenticité à l'aspect radiographique de la main. Tous les clients de Surgery PR figurent sur la main. Il s'agit d'une œuvre attractive qui utilise le papier comme partie intégrante de la conception et non comme simple surface ; en outre, elle invite toute personne qui la regarde à assimiler les informations sous un angle différent.

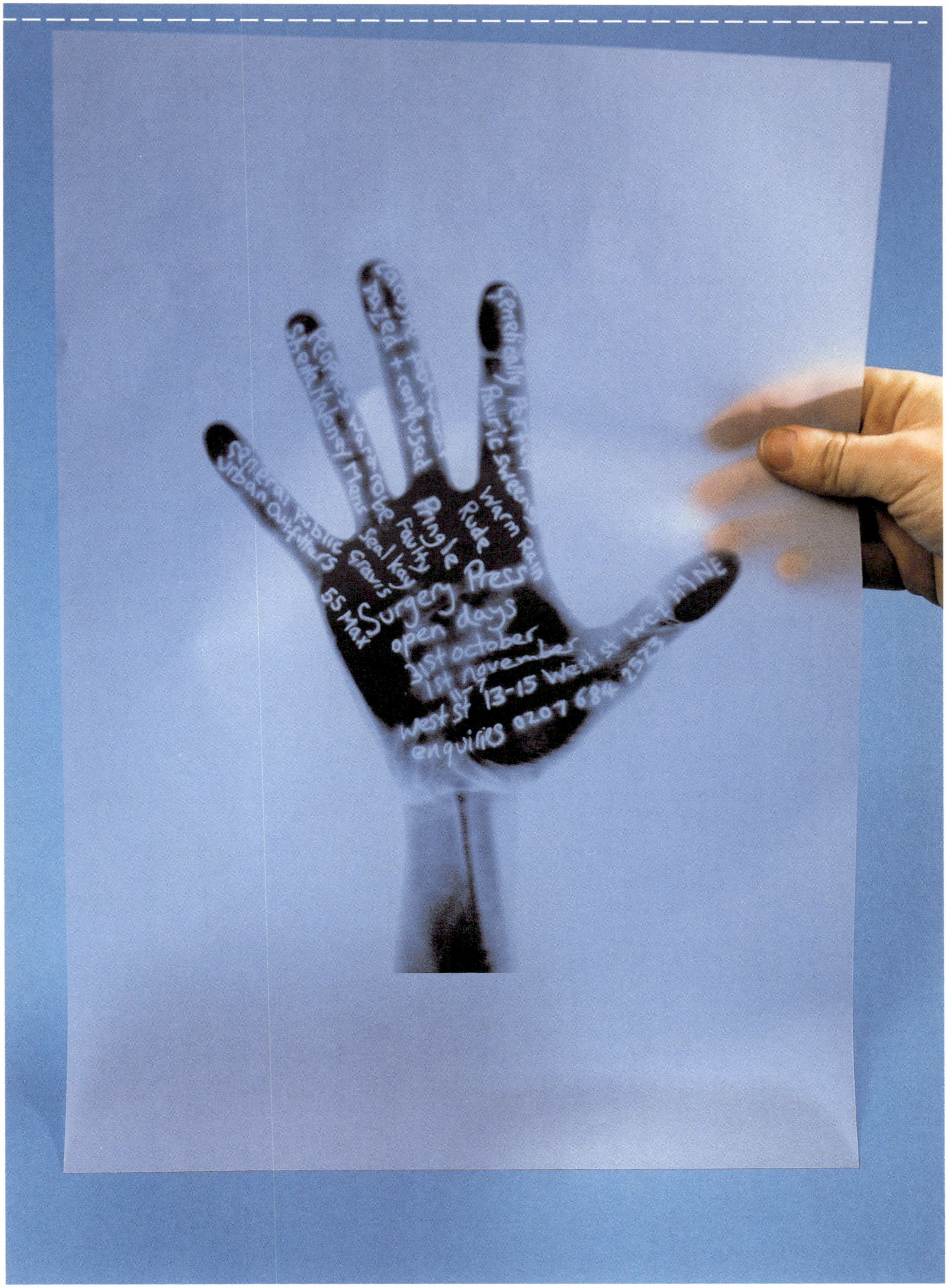

Création : **Park Studio**
Client : **British Library**
Projet : **Livre d'exposition**

La couleur apparaît au travers du titre, coupé à l'emporte-pièce, du catalogue destiné à accompagner une exposition photographique sur l'architecture créole en Sierra Leone. Tournez la couverture et vous découvrirez que chaque page de droite est divisée en une moitié image et une moitié texte par une ligne perforée. Chaque photographie peut être découpée de telle sorte que vous puissiez modifier la couverture en sortant les cartes postales et en en plaçant une nouvelle derrière le texte. La photo, prise par Tim Hetherington, fait référence à une période significative de l'histoire de l'Afrique de l'ouest et enregistre pour l'éternité l'architecture créole de Freetown extrêmement menacée.

Création : **NB: Studio**
Client : **D&AD**
Projet : **Invitation**

NB : Studio a conçu les invitations pour le défilé annuel de D&AD sur le thème de l'argent. L'agence a utilisé une affiche blanche pliée et collée par un panneau sur le panneau intérieur gauche d'une carte-miroir. Une fois dépliée, l'affiche dévoile toutes les informations sur la date et le lieu de l'événement, et recense les différents sponsors. Quand l'affiche est entièrement dépliée, tout ce que vous pouvez voir est le panneau exposé qui contient un message codé qui ne peut être lu qu'une fois reflété dans la carte-miroir. Le texte du message, « *mirror mirror on the wall where's the best creative work of all ?* » évoque le personnage narcissique d'un conte de fées et constitue peut-être une allusion au second degré sur la vanité de participer à une telle compétition, ainsi que sur le défilé annuel comme lieu où le fait d'être vu compte autant que ce qu'il y a à voir. Cependant, peut-être n'y a-t-il aucun véritable message, mais seulement une belle image.

Ed Hutchins

Dans son studio, à une heure de Manhattan, Ed Hutchins crée de petits livres insolites aux structures inventives. S'il ne privilégie aucune structure en particulier, il reconnaît avoir une préférence pour celles qui n'utilisent qu'une seule feuille : « Je dispose de près de 50 structures de livres différentes, composées d'une seule feuille de papier ».

Aux yeux de Hutchins, le résultat obtenu est un grand livre quand tous les éléments – le texte, les illustrations, le papier, le type d'impression, la reliure et les couvertures – s'assemblent pour délivrer un message de façon unifiée. « C'est lorsque tous les éléments sont reliés entre eux et se soutiennent les uns les autres que la somme de leurs contributions est supérieure à chaque apport, explique Ed Hutchins. Comme chaque partie du livre doit endosser sa propre part dans la communication du message, peu importe celle par laquelle vous commencez. Vous pouvez prendre l'histoire et vous demander quelle en sera la meilleure illustration. Vous pouvez commencer par les illustrations et vous demander quel papier et quelle méthode d'impression leur seront les plus adaptés. Vous pouvez réfléchir d'abord à la structure et vous interroger sur le type d'histoire le plus approprié. L'important n'est pas l'endroit par lequel vous commencez, mais que, lorsque vous avez fini, tous les éléments contribuent à la bonne compréhension du livre. »

Hutchins pense que la structure et la conception d'un livre peuvent jouer un rôle tout aussi important que le texte ou les illustrations. « Quand les mots sont en gros caractères et peu nombreux, le lecteur tourne les pages plus rapidement que si le texte est dense et imprimé en petits caractères. Le lecteur tournera la page plus rapidement si l'une des phrases est inachevée que si elle est complète. Il existe une différence entre le fait que le lecteur tourne une page à la fois et celui que la totalité du texte s'offre d'un simple coup d'œil quand les pages sont déployées en forme d'accordéon. Avec une illustration sur la page, le lecteur regarde la surface. Avec un «livre-tunnel» (livre conçu à partir d'un certain nombre de plans et de découpes à l'emporte-pièce au travers desquelles vous regardez), le lecteur entre à l'intérieur de l'illustration. »

En matière d'impression, Hutchins reconnaît qu'il s'est livré à de multiples essais. « J'ai créé des livres selon la méthode de l'impression typographique, mais comme je ne possède pas de presse appropriée, ces livres sont peu nombreux. Il y a plus de chance que j'utilise un crayon, un écran de soie, une photocopieuse, un timbre en caoutchouc, bref, une multitude de techniques les plus diverses dont mes livres sont la combinaison. »

Il n'existe pas un type de papier qu'il utiliserait de façon exclusive. « Si l'on devait résumer mon approche, je dirais que je fabrique les livres en m'appuyant sur quelques compétences élémentaires et sur les différents matériaux que je trouve à portée de main, explique Ed Hutchins. Il s'ensuit que je cherche rarement à me procurer un papier particulier. Dans la plupart des cas, c'est le papier qui me trouve. Je possède un classeur contenant les différents papiers dont j'ai hérité au cours de différents projets ou que des amis m'ont donnés. La plupart de mes livres sont réalisés à partir de papiers que vous trouvez dans toutes les papeteries. Pour le catalogue de l'exposition Thinking Editions, j'ai dû acheter des boîtes entières de deux types de papier. Il s'ensuit que les catalogues Gadzooks et Editions sont réalisés à partir du même papier. Peut-être trouvez-vous cela étrange, alors qu'il y a quelques instants je disais que chaque partie du livre devait être soigneusement prise en compte. Pourtant, il n'y a pas là de contradiction. Un même type de papier n'obéit pas à une seule application, il peut être utilisé pour de nombreux projets, s'il convient bien sûr... tout comme une même structure peut servir à un très grand nombre de livres différents. J'attache une grande importance à la direction du grain du papier. Dans certains cas, lorsque les plis se présentent de toutes les façons possibles, le concept est discutable. Chaque projet est unique et inclut la meilleure combinaison possible de matériaux et de techniques. »

Outre la diversité de leurs structures, les livres d'Ed Hutchins traitent de différents thèmes. « La justice sociale est une question importante et à n'en pas douter mes livres expriment une certaine sensibilité « gay » reconnaît Ed Hutchins. Gay Myths, un livre de 24 pages, avec quatre encarts dépliants est, par exemple, un catalogue des idées fausses et non fondées sur les lesbiennes et les gays, inspiré par la marche de 1993 sur Washington. » D'autres livres abordent ses différents voyages et notamment celui effectué au Mexique en compagnie de son conjoint Steve Warren. Mentionnons aussi le « livre-tunnel » créé à partir de cartes postales acquises au cours d'un voyage à travers les États-Unis. Cette structure, qui rappelle les vues stéréoscopiques à la mode victorienne, fonctionne comme un parfait journal ou livre d'images. Ed Hutchins reconnaît détester les livres aux thèmes égocentriques. « L'année où je passai mon diplôme, mon conseiller, un individu triste et introspectif, ne cessait de me répéter : « rends tes livres plus sombres, ajoute-leur de la noirceur ». J'ai fini par lui répondre « C'est bon, je ne suis pas quelqu'un de sombre.» »

De façon surprenante, Hutchins a d'abord emprunté une voie professionnelle à mille lieux de ce qu'il fait aujourd'hui. Obéissant à la volonté de ses parents soucieux qu'il bénéficie de la sécurité de l'emploi, il suivit des études à l'université d'Arizona pour travailler dans l'administration. « Vous connaissez les parents : ils veulent que leurs enfants soient contents et la plupart ne peuvent pas concevoir que ceux-ci réussissent comme artistes et en soient heureux. » La motivation de ses parents peut néanmoins s'excuser, car, en raison de leur engagement dans l'église, Ed Hutchins découvrit le duplicateur qui aidait à produire les programmes du dimanche, les horaires des offices et les rapports annuels. Plus tard, il découvrit la sérigraphie et l'un de ses premiers livres, un programme pour l'école de musique intitulé How to Succeed in Business Without Really Trying, en 1968, possédait des pages issues du duplicateur, une couverture en acétate et sérigraphie, et une reliure à anneaux. Des années plus tard, il étudia au Center of Book Arts de New York et travailla en collaboration avec de nombreux artistes

professionnels du livre. « Pour l'essentiel, j'ai appris en pratiquant inlassablement. J'enseigne également, et il n'y a rien de tel que l'enseignement pour apprendre. »

L'un des biens les plus précieux d'Ed Hutchins et ayant eu sur lui une influence majeure est un scrapbook offert par sa grand-mère, Estelle Morehouse, qui arriva en Arizona en 1880 pour inaugurer le premier jardin d'enfants. « Elle venait de suivre des cours sur l'approche préconisée par Freidrich Fröbel (fondateur du jardin d'enfants) quant à l'éducation de la prime enfance – système qui influença toute une génération d'artistes, parmi lesquels Frank Lloyd Wright, Wassily Kandinsky, Paul Klee, Piet Mondrian, Le Corbusier et bien d'autres, raconte Ed Hutchins. La philosophie éducative de Fröbel reposait sur quatre idées de base : la libre expression de soi, la créativité, la participation sociale et l'expression motrice. Ces idées, concrétisées au travers de jeux, d'activités en groupe ou de sorties en plein air, eurent un impact considérable sur le système scolaire américain. Le système enseignait aux enfants l'art, le design, les mathématiques et l'histoire naturelle en leur présentant les «dons» de Fröbel – un ensemble de 20 jouets éducatifs, explique Hutchins. Estelle Morehouse apporta avec elle en Arizona un

Twisted

scrapbook qu'elle remplit avec les échantillons du travail qu'elle présentait en classe. Il se peut qu'il y ait eu plusieurs scrapbooks, mais celui que je possède comporte des pages et des pages d'exemples extraits des fameux «dons», et qui correspondent à ce que nous appelons désormais origami. »

Aujourd'hui, au lieu d'être un gratte-papier dans une administration quelconque, Hutchins crée des livres extrêmement originaux dans son propre studio d'arts graphique. Ses livres ont fait l'objet de nombreuses expositions itinérantes, et sont présents dans des collections aussi prestigieuses que celles du musée d'Art moderne de New York ou du musée Victoria et Albert de Londres.

Création : **Vrontikis Design**
Client : **Restaurant Stellato**
Projet : **Invitation**

D'abord, la carte semble être une carte ordinaire avec un simple losange en découpe à l'emporte-pièce sur le devant, qui évoque un menu ou une carte des vins sur une table de restaurant. En réalité, une fois ouverte, la carte surprend le destinataire en donnant l'impression d'être « tissée » à l'intérieur : la moitié supérieure du côté droit et la moitié inférieure du côté gauche sont toutes deux recouvertes par une couche supplémentaire. En outre, lorsque la carte est à nouveau fermée, ses bords se rejoignent, puis se rouvrent dans la direction opposée, à la façon d'une articulation. La carte paraît compliquée et il faut quelques instants avant de comprendre son fonctionnement. De fait, la construction est relativement simple. La carte est conçue à partir d'un seul morceau coupé en forme de « n » et prolongé par une « queue », l'arête du « n » et la « queue » composant chacune la moitié de la structure. Quand la carte est dépliée, à la façon d'un pli accordéon, la queue située à droite se plie vers l'intérieur pour rentrer et se glisser dans la partie verticale à gauche ; de cette façon, la carte se transforme en invitation intelligemment articulée qui s'ouvre de deux façons.

Création : **Williams Murray Hamm**
Client : **Fay Presto**
Projet : **Livre promotionnel**

Presque magique, cet ingénieux petit livre est envoûtant et vous risquez de passer un long, très long moment, totalement mystifié, à essayer de découvrir comment il fonctionne. *The Presto Pack* a été conçu par deux membres de l'agence Williams Murray Hamm, Stewart Devlin et Richard Johnson (désormais chez Ogilvy Singapore) pour le magicien Fay Presto. Vous l'ouvrez sur une double page, puis continuez à le plier en ramenant le dos du livre vers vous. Tandis que vous procédez ainsi, plusieurs doubles pages apparaissent. L'une contient un as de pique, une deuxième une femme enfermée dans une caisse et une troisième une corde ; cependant, si vous continuez à plier dans la direction opposée et que vous séparez la carte en deux, la femme est elle-même coupée en deux et la corde rompue en son milieu. Les illustrations sont de Geoffrey Appleton et la maquette de Graham Burt. L'imprimeur était Artomatic, réputé pour ses structures et ses emballages créateurs et innovants.

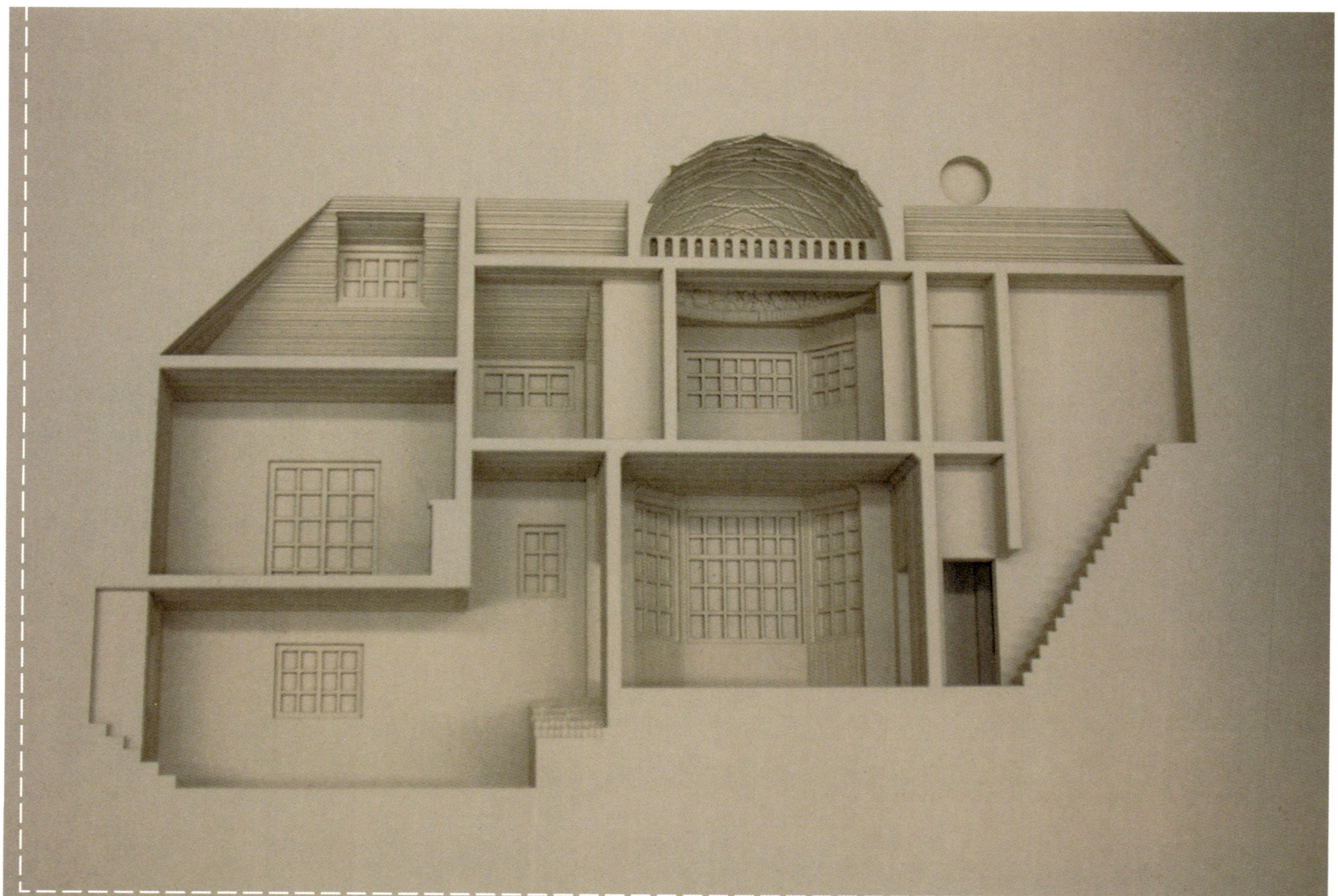

Artiste : **Olafur Eliasson**
Création : **Michael Heimann and Claudia Baulesch**
Fabricant : **Kremo**
Projet : **Your House, sur commande du Musée d'Art moderne de New York**

Conçue par l'artiste Olafur Eliasson et dessinée par Michael Heimann et Claudia Baulesch à Berlin, cette œuvre utilise le papier 3D pour se livrer à une expérience avec l'espace, la comparaison étant établie entre la lecture d'un livre et la déambulation dans une maison. L'entreprise allemande Kremo a coupé de main de maître au laser 454 feuilles (908 pages), qui ont ensuite été reliées à la main, pour créer une restitution en creux de la maison d'Eliasson au Danemark, selon une échelle 1/85. Le livre se compose d'un ensemble de formes découpées sur chaque page, chacune présentant une section verticale du bâtiment et créant l'inverse du modèle architectural traditionnel à trois dimensions. Il n'y a ni mots, ni images, ni couleurs, ni impressions d'aucune sorte. Cet extraordinaire livre d'artiste a été publié pour le Library Council du Musée d'Art moderne de New York à 225 exemplaires, tous vendus en moins d'une semaine.

Création : **The Kitchen**
Client : **Levi's®**
Projet : **Brochure**

Adressée aux directeurs artistiques et aux chroniqueurs de mode, cette brochure conçue par The Kitchen, met en valeur la démarche de la marque Levi's Red consistant à insuffler une nouvelle vie aux formes et fonctions convenues et à proposer de nouveaux tissus selon une conception radicale. Les formes des pages (très brillantes) créent un effet en spirale et fonctionnent comme métaphore de la recherche de formes inédites. La brochure paraît séduisante une fois fermée, mais peut se révéler difficile à ouvrir en raison de la quantité de colle nécessaire pour maintenir les différentes pages en place. À coup sûr, elle ne restera pas ouverte comme une double page.

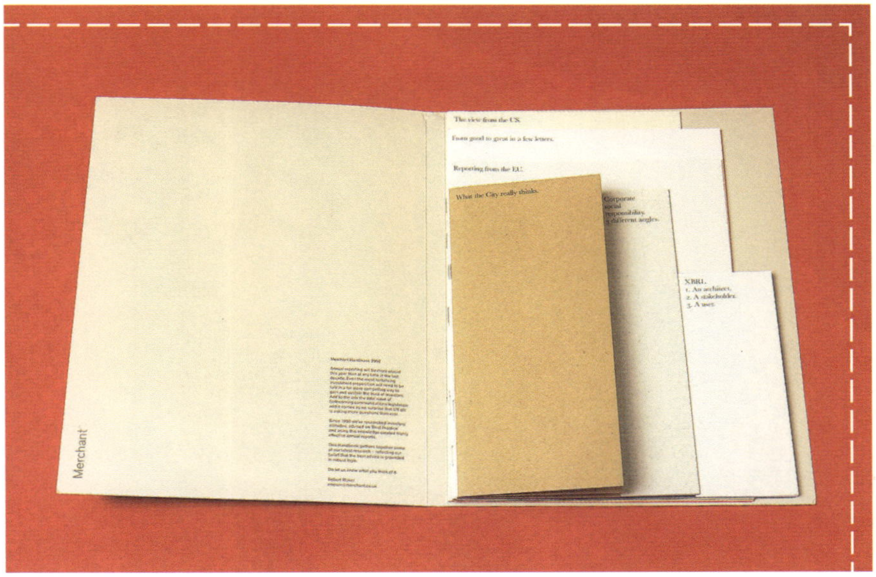

Création : **NB: Studio**
Client : **Merchant**
Projet : **Guide**

L'entreprise Merchant, spécialisée dans la création de rapports annuels et sujets associés, produit chaque année *The Merchant Handbook*, comme support destiné à prouver ses compétences et ses capacités éditoriales. Conçu par NB: Studio, le manuel est adressé aux analystes, journalistes, directeurs financiers, présidents de société et administrateurs délégués. « *Chaque année, ils viennent vers nous avec des piles d'articles, de coupures, de graphiques et autres*, explique Ben Stott de NB: Studio. *Notre travail est de les assembler en quelque chose qui laissera un souvenir. Cette année, il a été décidé que la situation économique mondiale nécessitait une approche plus sérieuse. Nous avons convenu que nous traiterions les six articles distincts comme autant de livres. Autrement dit, nous pouvions utiliser différentes teintes, couleurs et dispositions, pour les individualiser et leur ajouter ainsi de l'intérêt. Nous avons ensuite poussé l'idée jusqu'à son extrémité. En étroite collaboration avec Fenner paper and Impressions, nous avons utilisé différents papiers, finis et formats.* » Deux des livres sont illustrés par Tom Gauld et Brett Ryder.

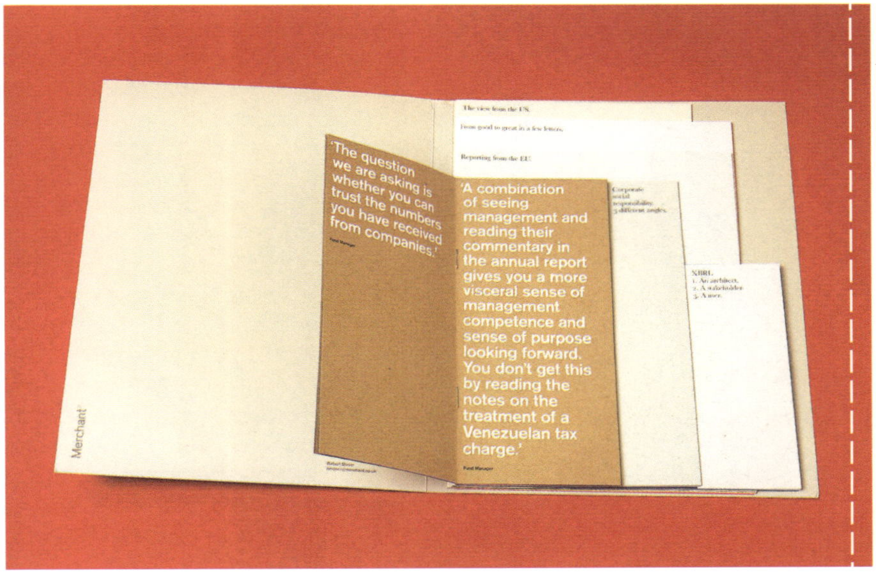

Papier

Choix du papier

Les grands groupes papetiers daujourdhui sont Canson, Arjo Wiggins, Aussedat, Clairefontaine et Norske Skog. Le meilleur moyen de découvrir divers types de papiers et autres matériaux consiste à visiter les boutiques spécialisées (à Paris : www.art-du-papier.fr/les-boutiques.html) dont certaines sont des mines dor pour les personnes passionnées par la dimension tactile de la création graphique et prouvent que le beau papier peut représenter un objet à part entière. Vous pouvez également contacter les imprimeurs, fabricants et distributeurs (www.fedrigoni.co.uk, www.lanapapier.fr, www.antalis.fr, www.intaglio.fr/papeterie.html, www.thibierge-comar.com, www.winter-company.com, www.relma.fr, etc.). Ceux-ci sont toujours heureux de proposer aux graphistes des échantillons de leurs papiers. Certains sont spécialisés, alors que d'autres offrent un éventail extrêmement étendu. Il est conseillé de créer un dossier d'archivage pour les différents papiers, et même de mettre de côté les feuilles déjà imprimées. De même, lorsque vous rencontrez votre imprimeur, cherchez à savoir quel papier il possède en magasin, car vous pourrez ainsi peut-être passer un accord. Prenez simplement en compte la possibilité d'un nouveau tirage, car il se peut alors que ce papier ne soit plus disponible. Les travaux prestigieux offrent une occasion rare de tester le papier fait main. Certains papiers, notamment ceux de l'Extrême-Orient, sont si beaux et insolites que les utiliser comme support pour imprimer ou dessiner vous paraîtra un acte de vandalisme.

Lors du choix du papier, plusieurs critères doivent être pris en compte : par exemple, l'opacité, la brillance, la douceur et le velouté. Souvent, le processus d'impression lui-même oblige à affiner le choix, et il est conseillé de consulter au préalable l'imprimeur.

L'un des points les plus importants pris en compte par les ingénieurs papetiers concerne la direction des fibres du papier. Pour bien comprendre de quoi il s'agit, il importe de savoir à partir de quel matériau brut le papier a été créé et de quelle façon les feuilles sont fabriquées.

Qualités du papier

Le papier est obtenu à partir de fibres de cellulose issues des plantes ou des arbres. La cellulose est un composé chimique de carbone, d'hydrogène et d'oxygène. De forme tubulaire, ces fibres gonflent quand elles sont plongées dans l'eau et, une fois mises à sécher les unes à côté des autres, génèrent leur propre « adhésif » gélatineux. Parallèlement à la fibrillation – processus consistant à séparer les fibres et à les effilocher pour créer les fibrilles avant de les attacher – l'adhésif produit un matériau extrêmement résistant.

Pendant longtemps fut fabriqué du « papier chiffon », obtenu à partir des chutes de coton des usines de textile. Le coton recèle en effet la cellulose la plus pure et, de ce fait, nécessite un traitement moindre. Au fur et à mesure que les fibres synthétiques, telles que le nylon et la rayonne, et les fibres animales, comme la laine, furent introduites dans les textiles, les usines de papier cessèrent d'utiliser le papier chiffon, car les nouvelles fibres ne s'attachaient pas aussi bien que la cellulose et rendaient le papier moins résistant. Les sources de papier chiffon sont réduites aujourd'hui (l'industrie du T-shirt en est l'une des principales sources) et, par conséquent, ne sont plus guère utilisées pour la fabrication du papier. Les « bourres », qui sont les fibres de coton les plus courtes laissées sur les graines une fois qu'ont été retirées les plus longues, peuvent également servir à la fabrication de papier. Mais ce papier offre un aspect plus tendre et n'est pas aussi résistant que le papier chiffon.

Il existe de nombreuses autres fibres, telles que le chanvre, l'herbe, la feuille et la jute, mais celles-ci sont essentiellement utilisées pour la production de papiers faits à la main. Aujourd'hui, la majorité des papiers d'impression s'obtient à partir de la pâte de bois, laquelle est de deux sortes : mécanique ou chimique. La pâte de bois mécanique, ou pâte de bois de râperie, est produite en retirant l'écorce, puis en broyant les rondins sous un flot d'eau afin qu'ils se désintègrent et qu'il ne reste plus que la pâte. La lignine, composant des parois cellulaires, demeure dans la pâte avec la cellulose. La lignine rejette l'eau et résiste à la liaison entre deux feuilles de multijets, ce qui provoque un jaunissement rapide du papier. Cette pâte peu résistante produit un papier bon marché, utilisé comme papier d'emballage et comme papier journal. Dans la pâte de bois chimique (appelée aussi pâte sans bois), des agents chimiques font disparaître la lignine autour de la cellulose et permettent à celle-ci d'être emportée. Le contenu de cellulose varie selon la pâte à bois, mais les plus fines peuvent en contenir jusqu'à 93 %, ce qui signifie alors que la pâte obtenue est presque aussi pure que celle du coton. Cependant, cette pâte comporte des fibres beaucoup plus courtes, et de ce fait, ne sera jamais aussi résistante ou n'aura jamais les mêmes caractéristiques que le papier coton.

Fabrication du papier

Il existe deux types de papier : le papier fabriqué artisanalement et le papier fabriqué industriellement. Le premier est produit sous la forme de feuilles, que l'on peut ensuite passer entre deux cylindres pour les aplanir. Mais ces fibres s'orientent selon des directions aléatoires, ce qui constitue un problème potentiel pour les ingénieurs papetiers : le pliage peut entraîner un faux pli. En usine, le papier est produit sous la forme d'une feuille continue qui s'enroule autour d'une bobine. Ses fibres ont tendance à s'aligner elles-mêmes dans la direction de la feuille produite en continue. La résistance et l'aspect du bord plié sont ainsi davantage prévisibles. La plupart des graphistes travaillent avec des budgets serrés, des clients exigeants et des délais courts : par conséquent, l'uniformité, les prix réduits et le recours au papier industriel constituent presque toujours les seuls choix. Mais même dans le cadre de la production en série d'un objet, il est toujours possible d'innover et d'utiliser du papier artisanal, aux spécificités différentes (surfaces, textures...).

Processus Fourdrinier

La machine Fourdrinier constitue aujourd'hui la principale machine à papier. Il s'agit d'un processus continu : la pâte entre à l'une des extrémités et les rouleaux de papier sortent à l'autre extrémité. Il s'agit d'une machine extrêmement technique, commandée par ordinateur, qui tourne généralement 24 heures sur 24. Dans le cas du papier de soie, elle peut produire jusqu'à environ 18 mètres de feuille par minute.

Les fibres, qu'elles proviennent des bourres de coton ou de la pâte à bois, sont achetées par l'usine à papier sous forme de feuilles sèches compressées, afin d'en faciliter la manipulation. Les feuilles sont ensuite mélangées à de grandes quantités d'eau pour former une sorte de pâte liquide. Celle-ci est alors pompée par des tours de stockage et passe au travers de raffineurs coniques composés de barres rotatives. De ce traitement mécanique, appelé « raffinage en pile », dépend à la fois la longueur et la densité des fibres, et donc le type de papier obtenu en fin de processus : le papier-calque et le papier cristal sont extrêmement raffinés, tandis que le papier buvard, moelleux et épais, ne l'est pratiquement pas. Il est possible de savoir jusqu'à quel degré un papier a été raffiné en le tenant par un coin et en le secouant de façon à émettre un « cliquetis ». Le ton du cliquetis est plus haut si le papier a subi un processus de raffinage plus long ou plus intense.

Après raffinage, des colles, des charges minérales et éventuellement des pigments sont ajoutés. Les colles limitent l'absorption de l'eau et des encres par le papier. Il s'agit traditionnellement d'alun, une résine issue des gommes de pin. Mais comme celle-ci a tendance à jaunir avec le temps, elle a été récemment remplacée par des produits synthétiques au pH plus neutre. Les charges minérales, telles que le Kaolin qui est une fine poudre blanche, ont pour effet d'atténuer le rétrécissement, adoucir la surface du papier et accroître son opacité. L'opacité correspond à la faculté du papier à ne pas laisser passer la lumière : une feuille dont l'opacité est de 100 % bloque totalement la lumière. Elle est fonction de la densité du papier : plus il y a de fibres, plus la quantité de lumière bloquée sera importante. Plus le papier est opaque, plus la couleur imprimée sera vive et brillante.

La pâte à papier doit ensuite être égouttée. À ce stade elle est en effet toujours composée de 99 % d'eau et de 1 % de fibres. La pâte est donc disposée sur une toile, laquelle est posée sur une grille en mouvement rapide. De la vitesse de défilement de la grille dépend le poids du papier : plus la grille se déplace lentement, plus la quantité de pâte est importante et plus le papier est lourd. La pâte crémeuse se transforme ainsi peu à peu en un papier blanc uni.

Après sa formation sur le grillage, le papier contient toujours environ 70 % d'eau. L'eau s'égoutte à travers la grille, soumise à une oscillation latérale. Les fibres tendent à s'aligner dans une seule direction. Le motif du grillage confère également au papier sa texture : le modèle du papier vergé se compose de bandes principalement horizontales ou verticales, tandis que le papier vélin est créé sur des mailles tissées.

L'étape suivante consiste à sécher le papier encore humide. Celui-ci est donc de nouveau pressé par des rouleaux qui l'essorent, lui donnent éventuellement une texture particulière et le lissent. Le degré de lissage influe sur l'épaisseur finale (mais non le poids) du papier. Le papier est ensuite transporté sur une courroie de feutre entre les immenses cylindres à vapeur en quinconce pour être définitivement séché. Une fois sec, il est pressé au sein d'une rangée verticale de rouleaux, afin d'accroître sa douceur et sa brillance. Plus ces rouleaux sont nombreux, plus le papier est brillant. Le papier est finalement transformé en larges rouleaux appelés bobines. Certains papiers peuvent aussi nécessiter une finition hors machine, comme le satinage (polissage), le couchage ou le gaufrage.

Direction des fibres et pliage

À la fin du processus, la bobine de papier est découpée en feuilles rectangulaires, parallèlement ou à angles droits par rapport à la direction de la machine. Les feuilles dont la longueur est parallèle à la direction de la machine ont un grain dans le sens de la longueur et sont dites à « fibre longue ». Les feuilles coupées en travers de la bobine ont un grain aligné sur le côté court et sont dites à « fibre courte ». Le papier se déchire plus facilement s'il n'est pas plié dans le sens des fibres. Lors de la fabrication des livres, la direction des fibres est généralement parallèle au dos pour faciliter le pliage. Au contraire, la résistance au pliage est plus grande lorsqu'il a lieu dans le sens perpendiculaire à celui des fibres.

La qualité du pli est aussi influencée par les types de fibres qui composent le papier. Les papiers aux fibres les plus longues sont plus susceptibles de se déchirer le long de la pliure. Les papiers couchés sont également plus sujets aux craquelures, parce que le couchage n'est pas aussi résistant que le papier support. Plus le couchage est épais, plus grand est le danger qu'il se fissure.

Les bons graphistes prennent toujours en compte le processus d'impression dès la phase de conception. Par exemple, dans le cas de la coupe, les affiches et les brochures aux formes insolites peuvent sembler une bonne idée, mais aussi entraîner un gaspillage de papier ; par conséquent, recherchez des tailles de papier manipulables et ayez une feuille devant vous lorsque vous déterminez la taille et la forme de votre présentation. Une part importante du processus de fabrication d'un livre animé est l'« imbrication » par laquelle toutes les formes devant subir une découpe sont intégrées à une page. L'imbrication détermine la quantité de papier utilisée ; elle est soigneusement planifiée afin de gaspiller le moins de papier possible et de créer la filière.

Il est toujours judicieux de sélectionner le papier avec l'imprimeur. Certains imprimeurs sont peu disposés à expérimenter de nouveaux plis. Si tel est le cas, peut-être est-il préférable de chercher un autre imprimeur. Cependant, les imprimeurs connaissent généralement bien les possibilités ou les limites d'un type particulier de papier. Alors même si les relations entre graphiste et imprimeur peuvent être conflictuelles, souplesse et ouverture d'esprit sont nécessaires afin que chacun puisse apprendre de l'autre !

Modèles

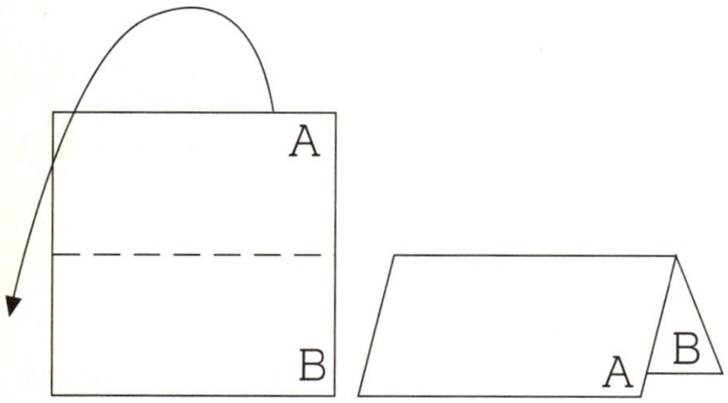

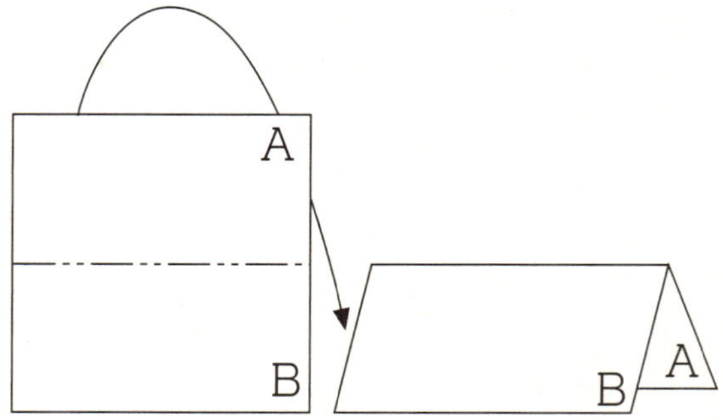

Pli vallée

Couper

Pli montagne

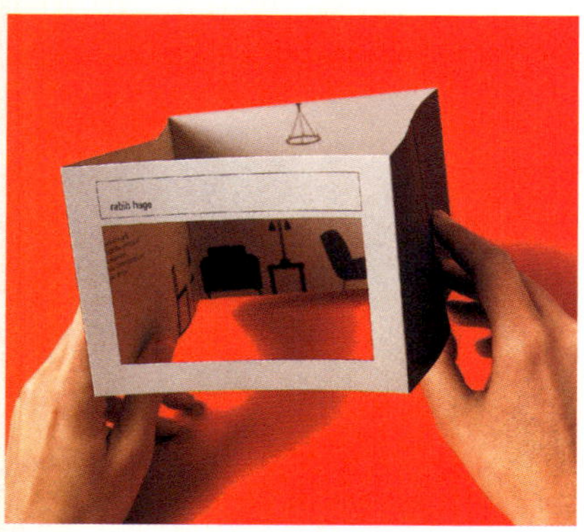

Pages : **96–97**
Création : **hat-trick**
Client : **Rabih Hage**
Projet : **Articles publicitaires**

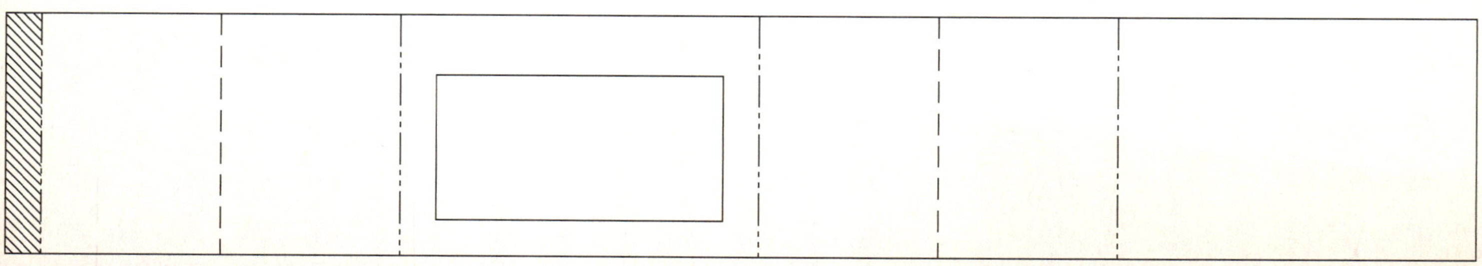

Page : **45**
Création : **Carter Wong Tomlin**
Client : **Capital City Academy**
Projet : **Fournitures de bureau**

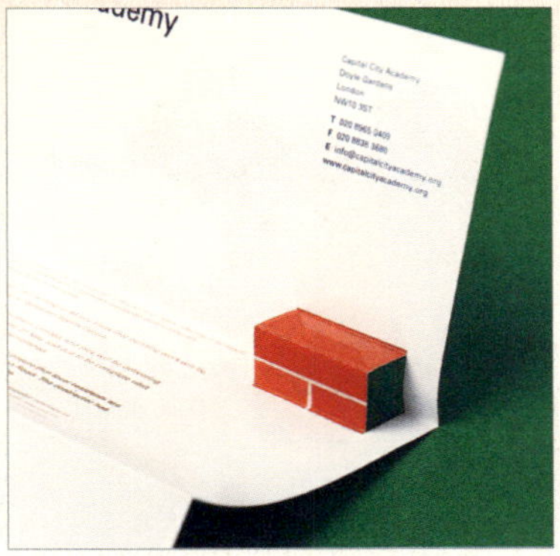

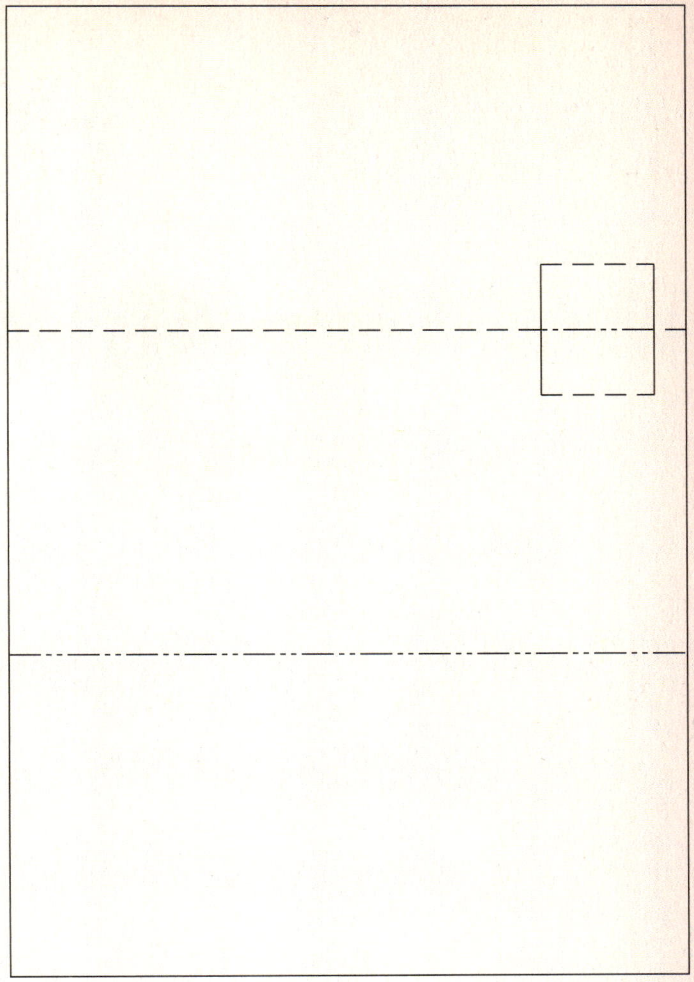

Page : **32**
Création : **salterbaxter**
Client : **Tate Modern**
Projet : **Invitation à une exposition**

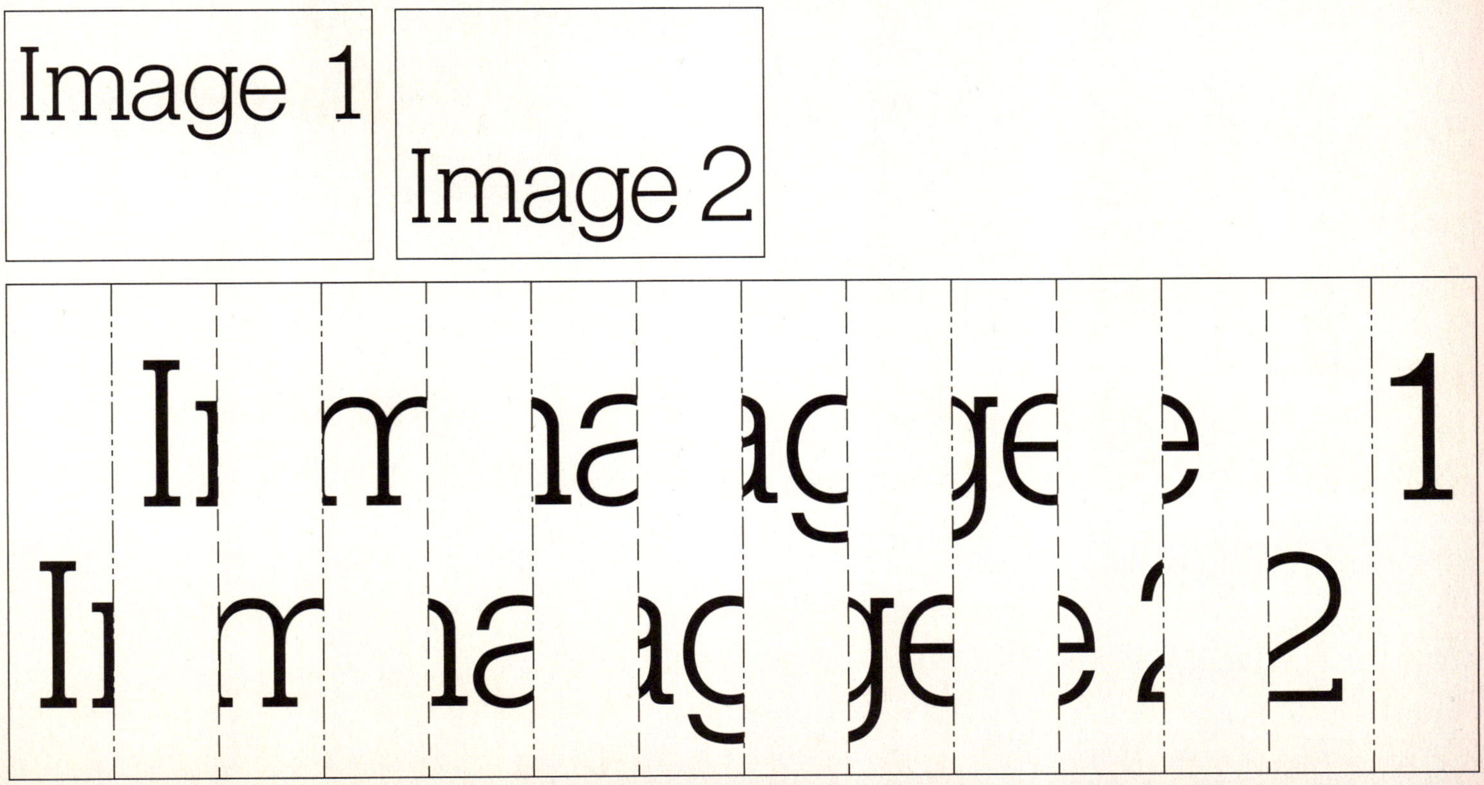

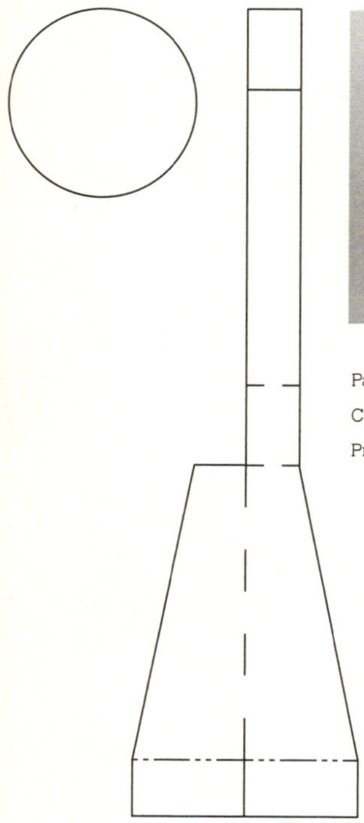

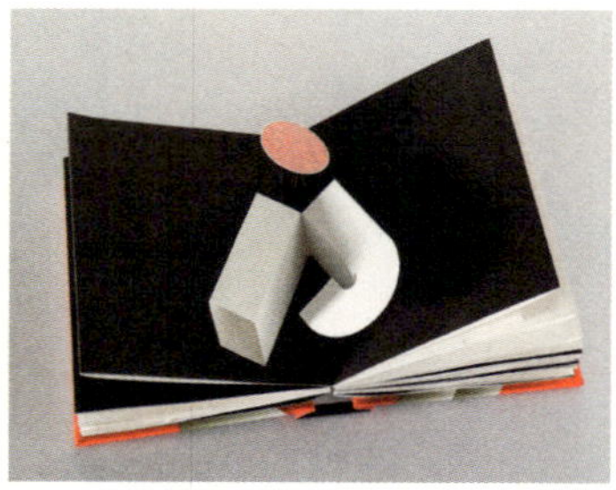

Pages : **50–51**
Création : **Marion Bataille**
Projet : **Livre animé**

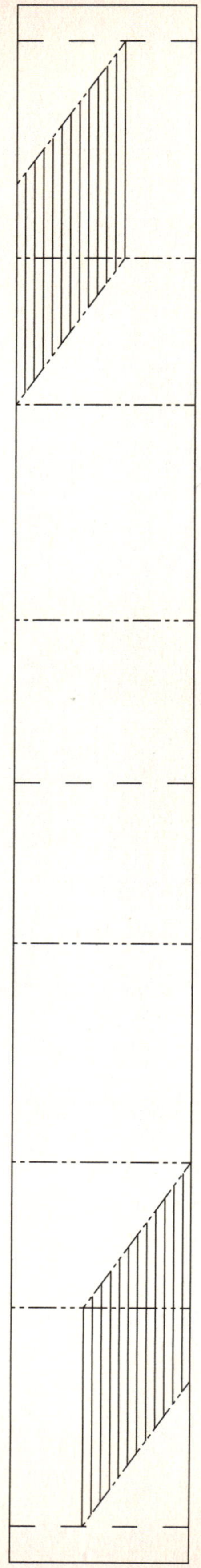

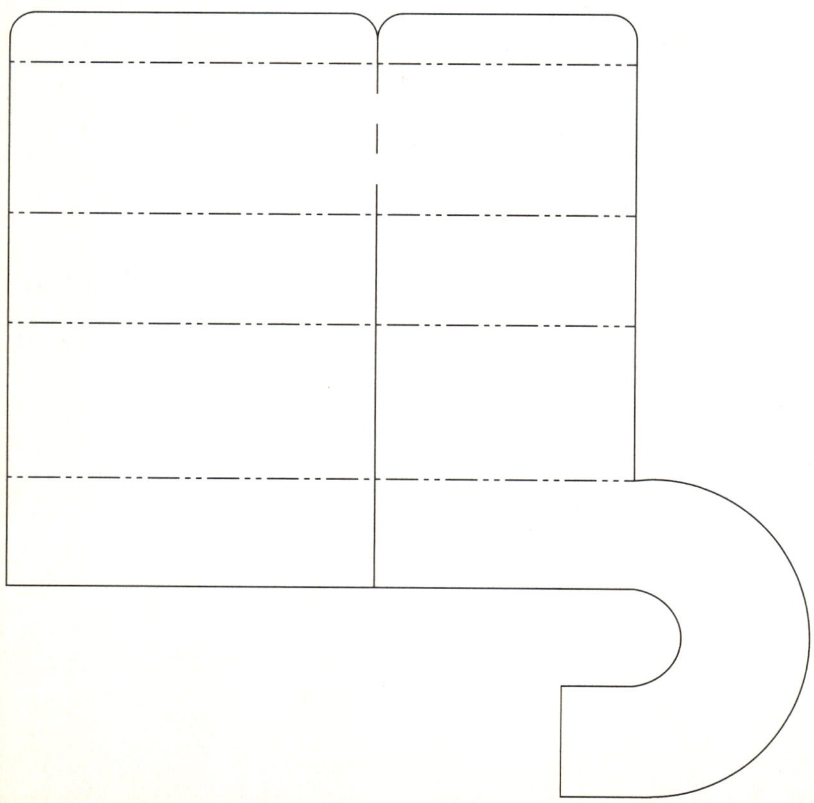

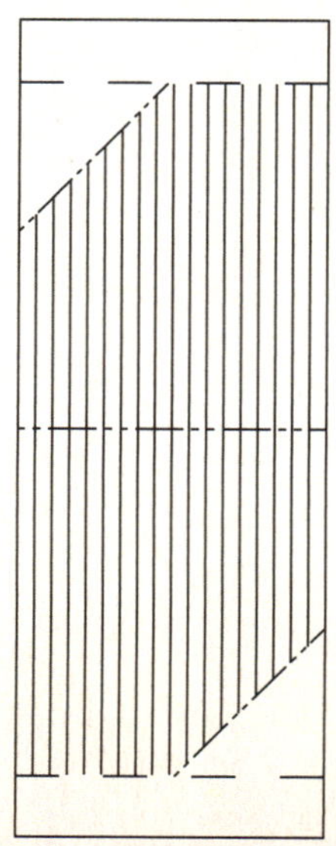

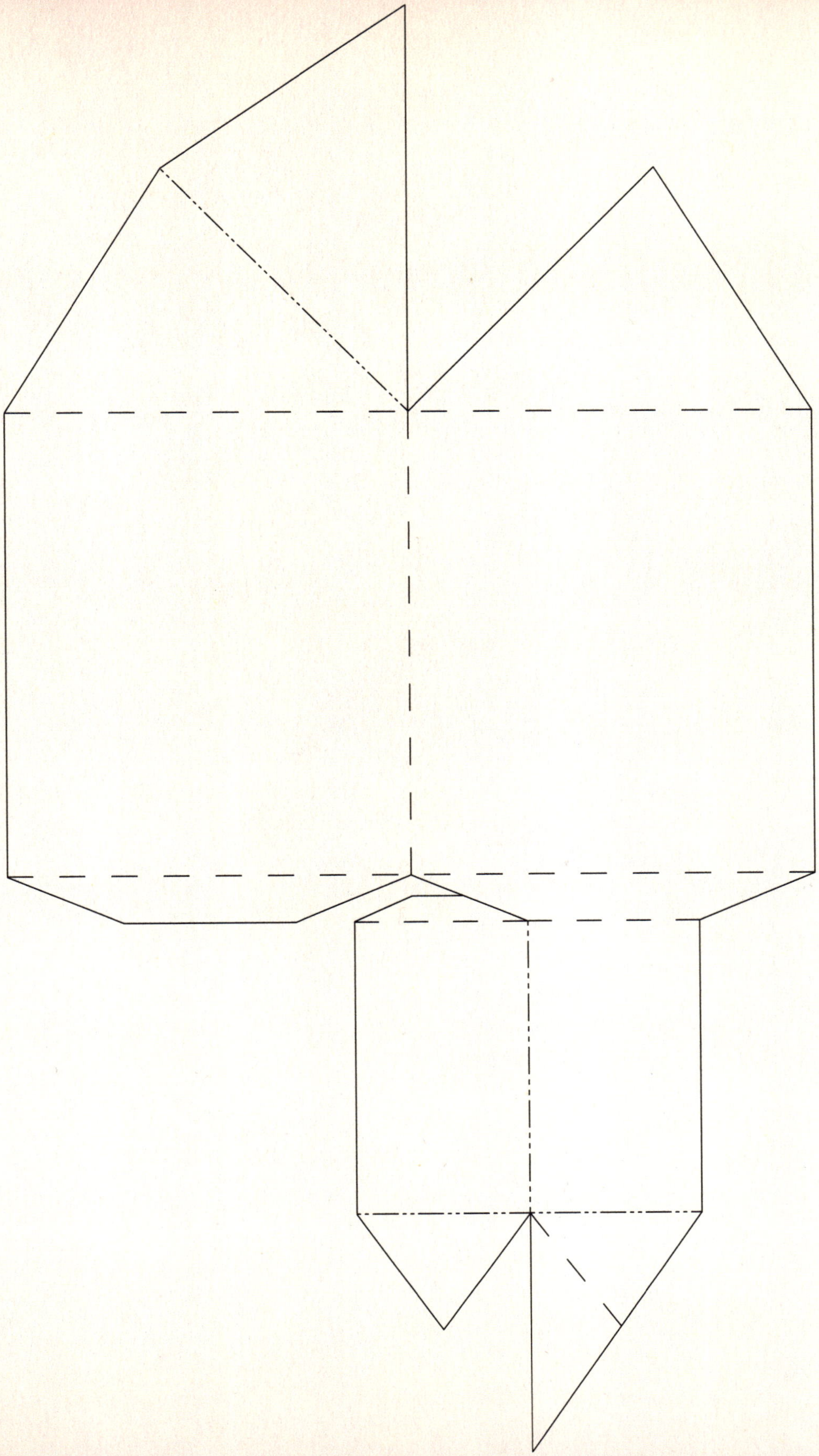

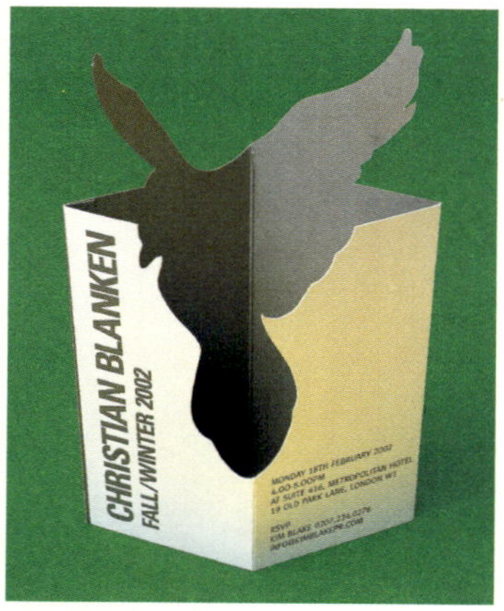

Page : **98**
Création : **Agitprop**
Client : **Christian Blanken**
Projet : **Invitation**

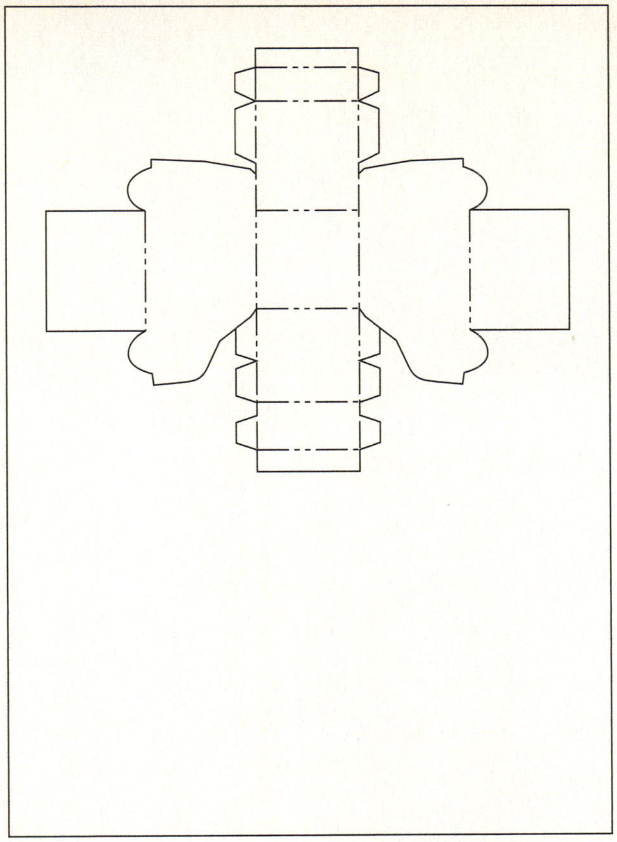

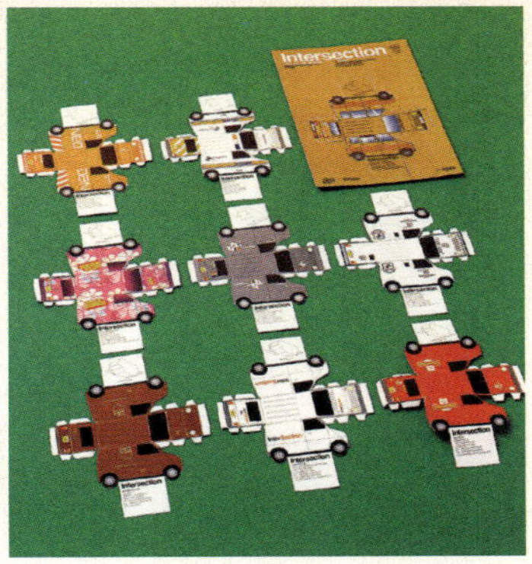

Page : **125**
Création : **Yorgo Tloupas**
Client : **Intersection**
Projet : **Cartes de visite**

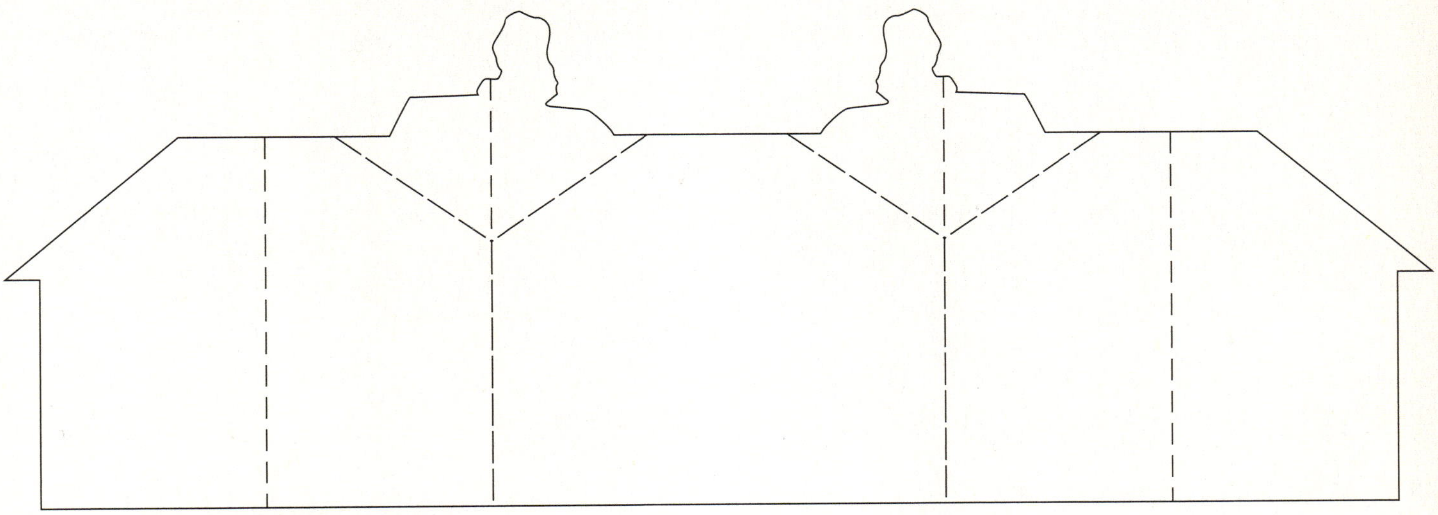

Page : **21**
Création : **Zuan Club**
Client : **Java Live**
Projet : **Invitation**

Glossaire

Le glossaire ci-après contient les termes utilisés dans les domaines de l'impression et de la fabrication du papier, il est utile de les connaître avant d'entamer un projet graphique où le papier est principalement utilisé de façon tridimensionnelle.

À sec (impression) Gaufrage ou estampage sans encre ou dorure. Procédé qui laisse simplement une impression et par lequel l'image est visible grâce à la projection des ombres.

Alimentation par feuilles Impression feuille à feuille par opposition à l'impression par bobines de papier.

Assemblage Disposition des cahiers d'un livre selon l'ordre exact en vue de la reliure.

Blanc de prise Ou « bord de pince », bord blanc non imprimable du papier maintenu par les pinces qui contrôlent le passage de la feuille sur la machine à imprimer.

Blanc de tête Marge haute d'une page.

Blocs d'ouvrage Livre plié, rassemblé et cousu, mais non encore couvert.

Bobine Longueur continue de papier enroulée sur un mandrin.

Brillant Surface brillante d'un morceau de papier et réfléchissant la lumière.

Carton Bristol Beau carton de différentes épaisseurs et qualités, traditionnellement d'un fini lisse, utilisé pour le dessin et l'impression.

Carton gris Carton entièrement composé à base de papiers de récupération, utilisé dans la reliure et l'emballage.

Carton ivoire Carton lisse généralement utilisé pour les cartes de visite en raison de la qualité de son fini.

Cliquetis Son produit lorsque l'on secoue un morceau de papier. En règle générale, plus le cliquetis est sonore, meilleure est la qualité.

Composition de fabrication Ingrédients tels que la pâte et les additifs à partir desquels le papier est composé.

Découpage à l'emporte-pièce Processus par lequel les formes sont découpées sur du papier ou du carton à l'aide d'un emporte-pièce métallique.

Découpage par effleurement Dans le contexte des étiquettes auto-adhésives, désigne le découpage d'une forme sans couper à travers le papier arrière, ce qui permet à l'élément auto-adhésif d'être enlevé tout en laissant la feuille intacte.

Découpe au laser Découpage extrêmement fin par laser, où le découpage traditionnel à l'emporte-pièce ne peut pas offrir le niveau de détail requis.

Dépliant Système de pliage comprenant deux plis parallèles en regard, où chaque pli peut être ouvert à partir de la gauche ou à partir de la droite (dépliant à trois volets). Voir aussi pli accordéon.

Dispositif d'alimentation Appareil pour alimenter et positionner les feuilles de papier dans les presses à imprimer et les machines de traitement du papier.

Éclatement Terme se référant à la séparation de feuilles libres.

Emporte-pièce Instrument métallique utilisé pour découper une pièce en une seule coupe et une seule pression. Utilisé pour créer un gaufrage, découper une forme ou appliquer une dorure.

Encart à volet Papier dont les deux côtés pliés au milieu de la feuille se chevauchent.

Encart dépliant Extension au feuillet d'un livre, qui rend celui-ci plus grand que la largeur de page standard et permet de le replier sur la page elle-même.

Enveloppe américaine Enveloppe avec une patte triangulaire sur le bord long. En fonction de la gorge, celle-ci est décrite comme étant à coupe haute ou à coupe basse.

Enveloppe portefeuille Enveloppe avec une patte carrée sur le bord long.

Épaisseur Épaisseur d'une simple feuille de papier mesurée en millimètres ou microns. Un micron est égal à 1/1000 mm.

Épreuve Copie réalisée avant que le travail final ne soit exécuté, afin de vérifier la qualité et la précision des éléments originaux et des spécifications.

Estampage Impression en creux ou en relief, par pression sur une surface.

Feuille à dorer Feuille métallique extrêmement fine et souple, appliquée comme décoration à une pièce dorée ou gaufrée.

Feuillet Taille du livre obtenue quand une feuille est pliée de façon à ce que les pages soient égales à la moitié de la taille de la feuille et qu'elles correspondent à un multiple de quatre pages. Le terme fait aussi référence au nombre total de pages.

Fibre Cellule végétale composée de cellulose et utilisée comme élément de base dans la fabrication du papier.

Fibres de coton Filaments blancs attachés aux graines du cotonnier. Le coton est fabriqué à partir des longues fibres, tandis que les courtes fibres, appelées linters, sont utilisées pour la fabrication du papier. Les chutes de coton peuvent aussi être transformées en pâte pour la fabrication du papier.

Filet Ligne utilisée comme élément de décoration sur la couverture d'un livre.

Filigrane Image imprimée sur le corps d'une feuille de papier pendant le processus de fabrication. Le filigrane peut être vu par transparence.

Fini — Terme général désignant les caractéristiques de la surface des papiers et cartons.

Finition — Processus par lesquels passe la feuille imprimée afin de produire l'élément final ; par exemple, rainage, découpage à l'emporte-pièce, gaufrage, reliure. Dans le domaine de la fabrication du papier, le terme fait référence aux opérations de séchage, dimensionnement et examen des feuilles de papier, une fois les étapes de fabrication proprement dites achevées.

Fond perdu — Zone imprimée qui s'étend au-delà du côté rogné d'une page. Généralement comprise entre 3 et 5 mm.

Fonds (petits) — Marge intérieure d'une page, située à proximité de la reliure ou pliure centrale.

Fourdrinier — Nom d'un type de machine à papier dans laquelle le papier est fabriqué à grande vitesse en une bobine continue.

Fragilité — Propension du papier à craquer ou à se fendre une fois plié.

Gaufrage — Impression en relief sur une surface (opération inverse de l'estampage) créée en pressant le papier entre un emporte-pièce mâle et un emporte-pièce femelle. Pour les dessins simples, l'emporte-pièce peut être photogravé. Les motifs plus complexes doivent être gravés manuellement, ce qui peut être plus onéreux. Le meilleur papier à utiliser, pour éviter toute déchirure, est un papier à fibres longues ou aléatoires.

Gondolage — Bords ondulés sur le papier dus à des conditions atmosphériques (humidité) instables.

Grain — Alignement des fibres dans le papier industriel ou le papier à la forme ; parfois, appelé aussi « sens machine ». Un long grain signifie que les fibres sont parallèles au plus long côté d'une feuille et un grain court qu'elles sont parallèles au côté le plus court.

Grammage — Grammes par mètre carré ; mesure utilisée pour définir le poids du papier.

Hologramme — Image tridimensionnelle créée par les lasers.

Imbrication — Terme utilisé par les artistes et les fabricants d'œuvres à découpe ou en relief, et qui désigne l'emboîtement de toutes les formes en vue du découpage à l'emporte-pièce et de l'impression sur une zone du papier.

Imposition — Disposition des pages sur une feuille de telle sorte qu'elles se lisent dans l'ordre approprié une fois la feuille pliée.

Jaquette — Couverture amovible d'un livre ou d'une brochure.

Kaolin — Argile blanche raffinée utilisée abondamment dans les mélanges de charges minérales et de couchage.

Lignes de pliure	Repères indiquant à quel endroit une feuille doit être pliée. Souvent en pointillés, afin de différencier le pliage et le découpage.
Livre zigzag	Nom parfois donné à un livre composé d'une feuille continue de papier pliée en accordéon.
Main	Rapport de l'épaisseur réelle (en microns) du papier sur le grammage. Par exemple, le papier bouffant possède une main élevée. Voir aussi grammage.
Maquette	Agencement général d'une création graphique (page d'une revue, par exemple).
Marque	Trait appliqué sur une feuille afin de la plier sans la fendre.
Massicot	Machine à découper le papier.
Opacité	Degré de transparence de l'impression sur l'envers d'une feuille.
Papier à lettres	Papier non couché, généralement utilisé comme papier d'écriture.
Papier à lettres avion	Papier extrêmement léger généralement inférieur à 40 g/m^2.
Papier antique	Papier épais de haute qualité avec un fini rêche mais une bonne surface d'impression, principalement employé pour les livres.
Papier barbe	Papier avec un bord duveteux irrégulier non coupé.
Papier Bible	Papier opaque, très fin mais résistant, utilisé pour les bibles et les dictionnaires.
Papier couché	Papier enduit ; on parle alors de couché brillant, couché léger, couché machine, couché mat, etc., selon les paramètres appliqués.
Papier couché double face	Papier couché sur les deux faces.
Papier couché une face	Papier couché sur une seule face et utilisé pour les épreuves, les encarts, etc.
Papier cristal	Papier translucide et résistant à la graisse, utilisé pour les enveloppes à fenêtre ou les livres à interfoliage, par exemple.
Papier d'art	Papier couché avec un fini brillant lisse dû à une couche régulière de kaolin appliquée sur l'une des faces ou sur les deux.
Papier de couverture	Papier au grammage élevé servant à couvrir les livres, brochures, etc.
Papier de garde	Papier résistant utilisé pour lier le corps d'un livre à sa couverture cartonnée.
Papier journal	Papier d'impression le meilleur marché, entièrement composé de pâte mécanique et utilisé pour les journaux. Offre une opacité et une épaisseur acceptables, mais une surface et une brillance médiocres.
Papier non couché	Papier sans application en surface de kaolin.
Papier sans acide	Les papiers sans acide ont une durée plus longue et sont moins sujets au jaunissement que les autres papiers.

Papier vélin Papier sans lignes inhérentes (par opposition au papier vergé).

Papier vergé Papier composé de lignes régulièrement espacées pendant sa fabrication et souvent utilisé comme papier à lettres.

Passes Copies supplémentaires exécutées pour atteindre la quantité spécifiée.

Pâte Principal ingrédient intervenant dans la fabrication du papier, généralement extrait du bois traité, de bourres de coton ou de chutes.

Pelliculage Application d'une pellicule aux feuilles imprimées (généralement à l'aspect mat, satin ou brillant) à des fins de protection ou pour obtenir un fini particulier.

Perforation Perçage d'une série de trous dans une feuille de papier, généralement pour autoriser le détachage.

Pied de page Bas d'une page.

Pli à la française Feuille de papier pliée deux fois (horizontalement et verticalement) pour former une section de quatre pages non découpée.

Pli en accordéon Feuille de papier présentant une suite de plis parallèles et alternés, créant un effet plissé.

Pochette Enveloppe avec la patte d'ouverture sur le bord court.

Premier élément d'une liasse Espace blanc additionnel autorisé sur les marges du texte et des illustrations composant un dépliant.

Préparation technique Instructions écrites relatives aux maquettes/épreuves et que l'imprimeur doit suivre.

Quantité Nombre d'exemplaires finis.

Rainage Renfoncement linéaire effectué par machine sur papier épais, donnant naissance à une charnière et facilitant le pli.

Rame 500 feuilles de papier (480 feuilles au Royaume-Uni).

Repérage Positionnement correct des plaques afin de former une image composite.

Repères de coupe Lignes imprimées extérieures à la zone de la page et qui indiquent où la page doit être rognée. Peuvent aussi être utilisées comme repères en l'absence de toute autre marque.

Retiration Impression simultanée des deux côtés d'une feuille.

Sens travers, papier Pliage ou marquage du papier perpendiculairement au sens des fibres

Surimpression Impression sur une feuille déjà imprimée ; terme désignant aussi la superposition de couleurs en vue de l'obtention d'une nouvelle.

Tailles de la série A Gamme ISO de papier métrique destinée au papier à lettres. Des formats différents sont utilisés aux États-Unis.

Tailles de la série B Gamme ISO de papiers métriques destinée, par exemple, aux affiches qui nécessitent un format supérieur à celui des tailles standard de la série A. Les dimensions d'une feuille B0 sont de 1 000 x 1 414 mm.

Tailles de la série C Gamme internationale ISO des tailles d'enveloppes, conçues pour accueillir les feuilles de taille A équivalentes.

Tailles ISO Gamme internationale de tailles de papier et d'enveloppe (à l'exception des États-Unis).

Taquer Égaliser une pile de papier afin que les feuilles soient exactement superposées les unes aux autres.

Témoins Bords pliés d'une feuille qui sera coupée.

Tirage Nombre total d'exemplaires d'un livre, imprimés et distribués simultanément.

Tirage à la feuille Processus par lequel la feuille est appliquée à une surface à l'aide d'un emporte-pièce métallique, de chaleur et de pression.

Translucide Propriété des matériaux qui transmettent la lumière sans être totalement transparents, comme le papier-calque.

Vernis Couchage transparent appliqué pour assurer une protection ou un effet.

Vernis sélectif Vernis appliqué à une zone spécifique de la feuille imprimée.

Contacts

Agitprop
www.agitprop.co.uk

Airside
www.airside.co.uk

Akio Okumara
www.okumura-akio.com

Allies
www.alliesdesign.com

American Slide Chart
www.americanslidechart.com

Angry Associates
www.angry-associates.com

Bisqit
www.bisqit.co.uk

Bozell
www.bozellthinking.com

Charlie Thomas
www.charliethomas.net

Carter Wong Tomlin
www.carterwongtomlin.com

Cahan Associates
www.cahanassociates.com

Corina Fletcher
www.corinaandco.com

Ed Hutchins
www.artistbooks.com

Elisabeth Lecourt
www.selisabethlecourt.com

Etu Odi Design
www.etuodi.co.uk

Eggers + Diaper
www.eggers-diaper.com

Fibre
www.fibredesign.co.uk

Fl@33
www.flat33.com

Frost Design
www.frostdesign.com.au

Gardner Design
www.gardnerdesign.com

hat-trick
www.hat-trickdesign.co.uk

HGV design
www.hgv.co.uk

Iris Associates
www.irisassociates.com

Kate Farley
www.katefarley.co.uk

Katsumi Komagata
www.formandcolours.com

KesselsKramer
www.kesselskramer.com

The Kitchen
www.thekitchen.co.uk

Marion Bataille
www.albin-michel.fr

Metalli Lindberg
www.metalli-lindberg.com

Multistorey
www.multistorey.net

NB: Studio
www.nbstudio.co.uk

Ogilvy & Mather
www.ogilvy.com

Olafur Eliasson
www.olafureliasson.net

One Pom
www.onepom.com

Origin
www.origincreativedesign.com

Park Studio
www.park-studio.com

Publique Living
www.publiqueliving.com

Riordon Design
www.riordondesign.com

Robert Sabuda
www.robertsabuda.com

Roundel
www.roundel.com

salterbaxter
www.salterbaxter.com

Sagmeister Inc.
www.sagmeister.com

Sayles Graphic Design
www.saylesdesign.com

SEA
www.seadesign.co.uk

StudioThomson
www.studiothomson.com

Rob Ryan
www.misterrob.co.uk

Rodney Fitch
www.fitch.com

Ron van der Meer
www.howmanypopups.com

Vrontikis Design
www.35k.com

Warm Rain
www.warmrain.co.uk

William Hall
www.williamhall.co.uk

Williams Murray Hamm
www.creatingdifference.com

Wink Media
www.winkreative.com

Wood McGrath
www.woodmcgrath.com

WPA Pinfold
www.wpa-pinfold.co.uk

Yorgo Tloupas
www.yorgo.co.uk

Zuan Club
E: zuan@big.or.jp

Conception et direction artistique : **Multistorey**
Photos : **Xavier Young et Simon Punter**

Remerciements

Un grand merci à tous les graphistes qui ont proposé leurs travaux pour la réalisation de cet ouvrage. Je remercie plus particulièrement Corina Fletcher, qui m'a fait partager tout son savoir sur le papier et toute son expérience, ainsi qu'à Paul Benwell (Benwell Sebard, imprimeurs). J'adresse aussi mes plus vifs remerciements à Andrew pour ses tasses de thé et ses chaussons chauds, et à Zara, Luke, Xavier, Harry et Rhonda, avec lesquels j'ai pris un réel plaisir à travailler.
Enfin, j'adresse un remerciement tout particulier à Caroline Roberts et Chris Foges.

Bibliographie

Artist's Book Yearbook, Sarah Bodman (University of West of England, Bristol).

The Book of Fine Paper, Silvie Turner (Thames and Hudson, Londres, 1998).

Choosing and Using Paper for Great Graphic Design, Mark Hampshire et Keith Stephenson (RotoVision, Hove, Royaume-Uni, 2007).

The Elements of Pop-Up, David A. Carter et James Diaz (Little Simon, Simon & Schuster's Publishing Division, New York, 1999).

Non-Adhesive Binding Books Without Paste or Glue, Keith A. Smith (Keith Smith Books, New York, 2001).